Für die Frauen, die mir geholfen haben: Ria, An, Truus, Joyce, Marjan, Selma, Marleen, Tillie, Mieke, Riemke, Lenie, Tress und Carolien. Für die Frau in der Straßenbahn, die neben mir saß und mir erzählte, daß sie jede Woche fünfzehn Hosen bügelt für ihre drei fast erwachsenen Söhne, aber daß sie dabei viel Hilfe von ihrer Tochter bekommt.
Außerdem danke ich Elga, Reihnild, Torsten, Hans und Jörg aus Kiel.

Anja Meulenbelt

Feminismus und Sozialismus

Eine Einführung

Übersetzung Josh van Soer und Tina Huber-Hönck

Konkret Literatur Verlag

Umschlaggestaltung: Reiner von Drahten
Satz: Hamburger Satzmaschinen Betrieb Wilhelm Arnholdt
Druck: Fuldaer Verlagsanstalt GmbH, Fulda
ISBN: 3-922144-11-X

Inhalt

Vorwort zur deutschen Ausgabe

Als ich gefragt wurde, ob ich in der deutschen Übersetzung meines Buches „Feminismus und Sozialismus“ noch etwas verändern wollte, kamen mir Zweifel. Ich finde es schön, daß dieses Buch, mit dem in den Niederlanden viel gearbeitet wird – es steht sowohl in Universitäten als auch in Einrichtungen des zweiten Bildungsweges für Frauen mit Hauptschulabschluß auf dem Programm – nun auch in der BRD erhältlich ist. Ich finde es vor allem sinnvoll, weil ich in der BRD als Autorin von „Die Scham ist vorbei“ bekannt bin und dieses Buch nur einen Teil meiner feministischen Schreibarbeit darstellt. „Die Scham ist vorbei“ habe ich geschrieben, nachdem ich schon das eine oder andere auf dem Gebiet des Feminismus und Sozialismus publiziert hatte, unter anderem dieses Buch; und ich behielt immer das Gefühl, daß zuviel in der mehr formalen und politischen Sprache verlorenging: meine Wut, ungeordnete Emotionen, der Vorrang der persönlichen Geschichte vor den politischen Auffassungen, mit denen wir uns vermitteln. Aber eine politische Stellungnahme läßt sich nicht nur aus einer persönlichen Geschichte destillieren.

Mit diesem Buch wird ein Teil des Gleichgewichtes wiederhergestellt, das ich selbst in meiner Arbeit versuche zu erklären: zwischen dem Persönlichen und dem Politischen. Ich habe mich entschlossen, den ursprünglichen Text nicht zu verändern. Wenn ich damit angefangen hätte, wäre allmählich ein neues Buch entstanden. Es enthält nichts, womit ich heute, also 5 Jahre später, nicht mehr einverstanden wäre. Aber ich würde jetzt mehr nuancieren, gründlicher auf verschiedene Dinge eingehen. Manchmal sind die Antworten in Ordnung, aber ich würde heute andere Fragen stellen. Als Grundlagentext, als Einführung in einen sozialistischen Feminismus, finde ich es immer noch brauchbar. Anstatt den Inhalt zu verändern, benutze ich lieber die Möglichkeit eines Vorwortes, um etwas über die Zeit, in der das Buch entstanden ist, zu erzählen.

Als dieses Buch entstand, hatten wir in den Niederlanden gut fünf Jahre Feminismus hinter uns. Die zwei Organisationen, die in den Niederlanden das Startsignal für die neue Welle der Frauenbewegung gaben, hatten verschiedene politische Standpunkte: Die Organisation „Man-Vrouw-Maatschappij“ (MVM) vertrat die etwas naive Ansicht, daß die Befreiung der Frauen dann zustande käme, wenn die Frauen eine bessere Stellung in politischen Organen einnehmen würden. Die „Dolle Mina“ hatte die ebenso naive Ansicht, daß nämlich die Befreiung der Frauen eine automatische Konsequenz einer sozialistischen Umwälzung sein würde. Als dritte Strömung, aber noch kaum organisiert und einzuordnen, gab es Anfang der siebziger Jahre die „Gesprächsgruppen“, ein Netz von kleinen autonomen Frauengruppen, die im Gegensatz zur MVM und zur „Dollen Mina“ keine Männer in ihren Gruppen zuließen. Die Themen, die allmählich aus den Gesprächsgruppen (in denen ich auch mitarbeitete) nach außen drangen, schienen auf den ersten Blick viel weniger „politisch“, und die Strategie für eine Veränderung der Gesellschaft sah ganz anders aus, als die Strategie der MVM und der „Dollen Mina“, wie Besetzungen, Streiks und Kämpfe oder die Wahl von Frauen in wichtige Positionen der politischen Parteien.

Wir sprachen über Eifersucht, Sexualität, Beziehungen mit Männern und Frauen, über Kinderkriegen, unsere Gefühle als Hausfrauen, als Freundinnen. Themen, die von der Linken (die meisten Frauen aus den ersten 10 – 20 Gesprächsgruppen hatten eine linke Vergangenheit) immer abwertend als „Privatleben“ abgetan wurden.

Aber nachdem wir einige Jahre mit dem beschäftigt waren, was wir heute ganz laut unsere Unterdrückung nennen können, entstand bei einigen Frauen das Bedürfnis, von neuem, aber jetzt von unserem feministischen Standpunkt aus, an unser sozialistisches Erbe anzuknüpfen. Obwohl die bestehenden linken Gruppierungen keinen Grund hatten, auf ihre Haltung zur Frauenbewegung stolz zu sein (jetzt erst, 10 Jahre später, geben einzelne Gruppen beschämt zu, daß sie nun einmal keine Avantgarde, sondern Nachläufer gewesen sind, obwohl sie immer noch die Unverschämtheit besitzen, so zu tun, als ob sie etwa den Feminismus erfunden hätten), konnte das nicht bedeuten, daß die sozialistische Methode der Betrachtung der Dinge, der Marxismus, unbrauchbar wäre. Zu dem Zeitpunkt entstand, was wir jetzt die Theorie der Hausarbeit nennen, das zentrale Thema in diesem Buch. Denn eine historische und materialistische Betrachtung dessen, was wir als Frauen vornehmlich emotional empfanden, machte deutlich, in welchem Maße Frauen auch einen ökonomischen Beitrag zu dem, was wir den Produktionsprozeß nennen, liefern. Diese Entdeckung hat viel für das Selbstbewußtsein der Frauenbewegung bedeutet. Frauen sind keine „Randgruppe“, sie stehen nicht „außerhalb der Gesellschaft“, sie werden nicht nur „diskriminiert“. Die Sache hat bestimmte Strukturen. Am Boden der bekannten Pyramide, mit den Kapitalisten an der Spitze und den Arbeitern an der Basis, befindet sich noch eine Schicht von Menschen: die Menschen, die die Welt tragen: wir Frauen. Die Menschen, die für ein Drittel des Lohns zwei Drittel der Arbeit verrichten, um die Menschheit zu erhalten. Ohne sie würde das kapitalistische System nicht existieren können.

Das war die Einsicht, die in diesen Jahren immer deutlicher wurde und die jetzt, in jedem Fall innerhalb der sozialistischfeministischen Strömung, Konsens ist und allmählich die nicht-feministischen Organisationen, Parteien, Gewerkschaften und Medien beeinflußt. Aber in unserer Euphorie von damals, daß nun unsere Kritik an linken Gruppen und linken Männern nicht mehr nur emotional war, sondern wir auch die Möglichkeit hatten, diese Kritik in eine für sie verständliche Sprache umzusetzen (die Reproduktion der Arbeitskraft), waren wir geneigt, eine Weile das andere zu vergessen. „Wieder die Versuchung, es dabei zu belassen. Dazuzugehören. Die Genossen von früher, die lügen, daß sie es immer schon vorausgesehen haben, wie wichtig wir werden würden. Die Solidarität vortäuschen, die sie noch nicht gefühlt haben. Es wäre so schön, ihnen zu glauben, kein Schmerz, kein Haß“, schrieb ich in „Die Scham ist vorbei“, als das schöne Bild, Frauen und Männer gemeinsam gegen den großen Feind, Hausfrauen und Lohnarbeiter Hand in Hand gegen den Kapitalismus zu entstehen drohte. Die Theorie der Hausarbeit kann auch dazu mißbraucht werden, nur die Beziehung zwischen Frauen und Kapital zu sehen und die Machtbeziehung zwischen Männern und Frauen als weniger wichtig oder als einen davon abgeleiteten Faktor zu definieren. Ich selbst finde heute, daß der größte Mangel von „Feminismus und Sozialismus“ darin liegt, daß die Beziehung zwischen „Frauen und Kapital“ weiter ausgearbeitet ist als die Beziehung zwischen „Frauen und Männern“, „Frauen und Patriarchat“. Gerade in den letzten Jahren scheinen wir zu dem Anfangspunkt zurückzukehren, zu unseren eigenen Erfahrungen.

Wir kommen über Porno, Inzest, Pädophilie und andere Formen von sexuellem Mißbrauch in ungleichen Machtverhältnissen zu einem erschreckend großen und verborgenen Gebiet der Unterdrückung, das zwar einen Bezug zur Hausarbeit hat, aber nicht nur mit dieser Theorie zu erklären ist. Allmählich bekommen wir mehr Einsicht in unsere Sozialisation: die mühsamen Beziehungen zwischen Männern und Frauen, der alltägliche Sexismus; die Bedrohung, die die Männer durch den aufkommenden Feminismus erfahren, ist nicht nur durch „Rollenmuster“ oder durch „aufgezwungene Normen“ zu erklären. Auch darüber ist in „Feminismus und Sozialismus“ wenig zu finden. Tatsächlich begegnen wir auf einer tieferen Ebene wieder alten Gegensätzen: Theoretisch können wir uns die Einheit von Feminismus und Sozialismus schon vorstellen, in der Praxis ist es nicht so einfach, beide zusammenzubringen. Auch in der feministisch-sozialistischen Analyse gibt es zwei Arten des Denkens: die, die um den Körper, die Sexualität, die Reproduktion und Kolonisation unseres Körpers kreist, und die, die um Arbeitsteilung, Produktion und das Verhältnis zwischen Haus- und Lohnarbeit kreist. Mit anderen Worten: das Verhältnis zwischen Patriarchat und Kapitalismus, deren Zusammenhang und Wechselwirkung wir untersuchen müssen. Wir haben mit dieser Arbeit schon begonnen, aber sie ist noch längst nicht abgeschlossen. Wir müssen weitermachen. „Feminismus und Sozialismus“ ist eine Einführung dazu. Es ist ein Anfang.

Anja Meulenbelt, Johannas Tochter.
28. Juni 1980, Amsterdam,
mit Dank an Tina und Josh, die die Herausgabe dieses Buches möglich gemacht haben.

Vorwort

1. Warum Feminismus und Sozialismus

Nachdem die Bewegung „Mann-Frau-Gesellschaft“ ruhig begonnen hatte und kurz bevor die Bewegung „Dolle Mina“ ausbrach, dachten wir, daß die Emanzipation der Frauen schon einigermaßen erreicht sei. Wir haben immerhin die gleichen Rechte, wir haben Anspruch auf eine Berufsausbildung, wir können die Zahl der Kinder regulieren. Aber in unserem Alltag zeigte sich immer wieder, daß von Gleichheit noch keine Rede sein konnte. Die meisten Frauen schrieben sich das zu allererst selbst zu. „Ich habe den falschen Mann gewählt“ oder „Ich bin nicht stark genug, um meine Kinder zu erziehen und gleichzeitig eine Ausbildung zu machen“. Wir spürten es aber auch in den Bereichen, die wir bisher als die persönlichsten unseres Lebens betrachtet hatten: in unseren Beziehungen und unserer Sexualität war von Gleichheit keine Rede.

Langsam wurde die individuelle Unzufriedenheit in kollektive Empörung umgesetzt. Erscheinungen, die wir zuerst als zufällige, losgelöst voneinander bestehende Ereignisse ansahen, fügten sich wie Puzzle-Teile zusammen. Es stellte sich heraus, daß alles mit allem zu tun hatte. Unsere sehr persönlichen Gefühle hatten mit der Familienstruktur zu tun, die Familienstruktur hatte etwas mit unserem ökonomischen System zu tun. Unsere Stellung in der Arbeitssituation stand im Zusammenhang mit unserer Stellung zu Hause, und beides hatte etwas damit zu tun, wie wir erzogen worden waren.

Es konnte keine Rede von einer abgeschlossenen Frauenemanzipation sein. Die Frauen sind noch immer die größte unterdrückte Gruppe in dieser Gesellschaft. Wir sprachen nicht mehr über Emanzipation, wir begannen über Frauenbefreiung zu sprechen. Dabei geht es uns nicht mehr um eine Anpassung an die Männer, es geht um eine Veränderung aller Bereiche unseres Daseins: Die Art, wie wir arbeiten und wohnen, die Art, wie wir denken. Je mehr wir über die Formen von Frauenunterdrückung erfuhren, desto schwieriger erwies sich die Frauenbefreiungsbewegung. So einig wir uns in der Frauenbewegung darüber waren, daß Frauen unterdrückt werden, so unterschiedliche Meinungen hatten wir über die Ursachen und Gegenstrategien.

Es gibt Frauen, die ihre Unterdrückung ausschließlich im Patriarchat sehen, also in der Herrschaft der Männer über die Frauen. Diese Sicht hat den Vorteil, daß sehr deutlich wird, wer dein Feind ist. Alle Menschen mit männlichen Geschlechtsmerkmalen sind Unterdrücker, und wenn du dein Leben ohne Männer gestaltest, bist du befreit.

Es gibt Frauen, die die Ursache für ihre Unterdrückung im Kapitalismus sehen. Diejenigen, die die Produktionsmittel besitzen, herrschen über diejenigen, die nichts besitzen. Diese Begründung hat den Vorteil, daß der Kampf, den du zu führen hast, weit von dir entfernt ist, denn die Probleme zwischen Männern und Frauen, die Rollenverteilung zu Hause und die Art, wie wir unser Privatleben gestalten, kann man dabei außer acht lassen. Die Strategie ist deutlich: Anschluß an eine linke Gruppe, denn die Befreiung der Frau kommt nach der Revolution.

In der Frauenbewegung wird seit einigen Jahren intensiv darüber diskutiert, welche Form der Unterdrückung die stärkste ist, wo eigentlich die Wurzel allen Übels liegt. Für beide Strömungen gibt es sehr gute Argumente. Daß sich Männer im allgemeinen gegen Versuche von Frauen, freier und selbständiger zu leben, wehren, kann man nicht verneinen. Daß der Kapitalismus von der Unterdrückung der Frau profitiert, kann man auch nicht leugnen.

Was bedeutet das? Man könnte vielleicht sagen, daß die Wahrheit in der Mitte liegt. Aber so einfach ist es nicht. Es geht uns nicht darum, einen Kompromiß zu finden: ein bißchen Feminismus mit einem bißchen Sozialismus. Es geht darum, genau zu analysieren, auf welche Art und Weise Patriarchat und Kapitalismus ineinander verwurzelt sind und sich gegenseitig stärken. Die Befreiung der Frau ist nicht dadurch möglich, daß wir nur gegen die Privilegien von Männern oder gegen das kapitalistische System kämpfen. Wenn wir nur mit linken Gruppen zusammen den Kapitalismus bekämpfen, gehen wir das Risiko ein, daß ein großer Teil unserer Unterdrückung erhalten bleibt, gerade der Teil der Unterdrückung, den wir so stark spüren: zu Hause in unseren zwischenmenschlichen Beziehungen, in unserem Hausfrauendasein. Wir wollen zwar die Revolution unterstützen, aber nicht nur von der Küche aus. Wenn wir aber nur gegen die chauvinistische Haltung der meisten Männer kämpfen und versuchen, unser eigenes Dasein immer selbständiger zu gestalten, kommen wir zu dem Schluß, daß viele der Voraussetzungen für ein selbständiges Leben innerhalb des Kapitalismus nicht gegeben sind und daß wir uns deshalb dem antikapitalistischen Kampf anschließen müssen. Es gibt keine freie Wahl zwischen den Slogans „Weg mit der Herrschaft der Männer" und „Weg mit dem Kapitalismus". In der schwierigen Beziehung zwischen der Frauenbewegung und der linken Bewegung lernen wir erst gerade, unsere Position zu finden. Eine Strategie aus einer doppelten Loyalität heraus zu entwickeln, ist nicht leicht. Wie sehr wir auch davon überzeugt sind,daß Sozialismus und Feminismus Hand in Hand gehen müssen, begegnen wir in der Praxis dauernd Konflikten und Dilemmas, die nicht leicht zu lösen sind. Was sollst du tun, wenn Gewerkschaften streikende Frauen in Stich lassen, weil sie die Interessen ihrer männlichen Mitglieder wichtiger finden? Was sollst du tun, wenn deine Schwestern für immer aus der linken Bewegung weglaufen, weil sie das mackerhafte Verhalten von linken Männern zum Kotzen finden und sie Kapitalismus und Sozialismus als dieselbe Sache betrachten: nämlich als ein Männerkomplott? Um diese Konflikte jemals lösen zu können, müssen wir mehr Einsicht in die Wurzeln unserer Unterdrückung bekommen.

Die Frauen sind einer organisierten Tyrannei von Männern unterworfen, so wie Arbeiter einer organisierten Tyrannei von Ausbeutern unterworfen sind. Beide unterdrückten Gruppen müssen erkennen, daß sie ihre eigene Emanzipation selbst erkämpfen müssen. Frauen werden Bündnisgenossen bei bewußteren Männern und Arbeitern, bei Philosophen, Künstlern und Dichtern finden. Aber die einen haben nichts zu erwarten von der Gruppe der Männer, und die anderen haben nichts zu erwarten von der bürgerlichen Klasse."
Eleanor Marx und Edward Aveling, 1887.

2. Die Notwendigkeit einer Analyse

Wir versuchen, die Verbindung zwischen Feminismus und Sozialismus nicht allein deshalb herauszuarbeiten, um zu einer Theorie zu kommen, sondern auch aus einem äußerst praktischen Grund. Immer wieder stellt sich heraus, daß wir bei geplanten Aktionen auf eine Analyse zurückgreifen müssen, die allen Aspekten der Rolle der Frau Rechnung trägt. Wir werden ein paar Aktionspunkte nennen, die für sich gesehen ganz emanzipierend sein können, aber die Befreiung der Frau auch stagnieren lassen können, wenn sie nicht in eine Strategie integriert werden, die auf längere Sicht alle Lebensaspekte von Frauen berücksichtigt.

a. Die Forderung nach Halbtagsbeschäftigung. Für viele Frauen ist heute eine Voraussetzung ihrer Befreiung eine unabhängige ökonomische Existenz. Das bedeutet in dieser Gesellschaft, daß sie mit einem Job selbst Geld verdienen müssen. Da heute die meisten Frauen noch Hausfrauen und für die Kinderversorgung verantwortlich sind, bedeutet eine zusätzliche Berufstätigkeit eine doppelte Belastung. Und das ist für die meisten Frauen nicht sehr befreiend. Es liegt also auf der Hand, das Problem durch Halbtagsbeschäftigung zu lösen. Eine Halbtagsstellung kann für einzelne Frauen wohl eine Lösung sein, für die Frauen insgesamt wird gar nichts bewirkt. Frauen bleiben immer noch diejenigen, die für die Kinderversorgung verantwortlich sind. Als Halbtagsbeschäftigte sind sie leichter kündbar und haben eine ganz schwache Position im Betrieb. So werden sie doppelt ausgebeutet. Also: Die Forderung nach Teilzeitbeschäftigung allein hält die unterlegene Stellung der Frauen nur am Leben. Bei einer umfassenden Analyse würden wir eher an das Recht auf Arbeit für jeden und Arbeitszeitverkürzung für jeden sowie an Maßnahmen denken, die besondere Arbeitszeitregelungen für Frauen überflüssig machen.

b. Ehrenamtliche Tätigkeiten. Viele Frauen müssen neben ihrem Hausfrauendasein etwas Sinnvolles tun, wenn sie nicht in ihren vier Wänden verblöden wollen. Dabei geht es ihnen meistens nicht ums Geldverdienen. Viele Hausfrauen arbeiten deshalb ehrenamtlich, z. B. beteiligen sie sich an Elternarbeit in der Schule (Elternarbeit könnte man deshalb Mütterarbeit nennen). Und wieder: Für einzelne Frauen kann dies ein Anfang für ihre eigene Befreiung sein. In einem größeren Zusammenhang sehen wir jedoch die Nachteile. Denn dadurch, daß gerade Hausfrauen für alle möglichen Arten von freiwilliger Arbeit herangezogen werden, bleibt verborgen, daß eigentlich viel mehr Geld in den sozialen Sektor und in die Ausbildung investiert werden müßte. Außerdem schwächen Freiwillige die Position der Frauen, die die gleiche Arbeit gegen Bezahlung tun müssen, weil sie für ihren eigenen Lebensunterhalt und oder für den ihrer Kinder sorgen müssen. Erneut wird bestätigt, daß Frauen aufgrund ihrer unterlegenen Stellung noch immer nicht die Möglichkeit haben, ihr Recht auf gleiche Arbeit bei gleicher Bezahlung zur Geltung zu bringen.

c. Die Forderung nach gleicher Rollenverteilung in der Familie. Viele Frauen halten eine ehrliche Rollenverteilung zu Hause für eine erste Voraussetzung zu ihrer Befreiung. Bei Familien mit kleinen Kindern, in denen der Mann keine Teilzeitarbeit bekommen kann oder damit so wenig verdienen würde, daß die Familie nicht über die Runden käme, ist eine gleiche Aufgabenverteilung schwer zu verwirklichen. Obwohl wir nicht zu schnell davon ausgehen sollten, daß die Männer unmöglich ihren Teil der Haushaltsführung übernehmen können, wären wir auch dann noch nicht befreit, wenn die Männer im Haushalt mitarbeiten würden.

Allein der Haushaltstrott wird etwas ehrlicher verteilt sein, aber die ineffiziente Art, in der die Haushaltsführung organisiert ist, wird bestehen bleiben, ebenso der überflüssige, hohe individuelle Konsum. Und letztlich ist es den Unternehmern vollkommen gleichgültig, wer die Suppe kocht, Hauptsache es geschieht, ohne daß dabei Arbeitskräfte für die Produktion verlorengehen.

Damit wollen wir nicht sagen, daß die genannten Forderungen für sich genommen schlecht sind. Wir möchten nur zu bedenken geben, daß wir uns nicht in Teilforderungen verrennen und die langfristige Strategie nicht aus den Augen verlieren dürfen. Es zeigt sich stets aufs neue, daß Teilforderungen alleine zwar die scharfen Kanten der Unterdrückung abschleifen, ihre Fundamente jedoch nicht antasten. Hinzu kommt, daß wir mit diesen Forderungen nur eine begrenzte Zahl von Frauen erreichen.

Wir müssen weiter denken, wir müssen eine Strategie entwickeln, die alle Aspekte unseres Lebens einbezieht und die zu einer Gesellschaft führt, in der Sozialismus und Feminismus verwirklicht sind. Dieses Buch ist ein kleiner Schritt, eine Momentaufnahme in einem langen Prozeß, der erst begonnen hat.

3. Über das Entstehen dieser Einführung

Der Inhalt dieses Buches ist der Niederschlag von ein paar Jahren Arbeit in der feministisch-sozialistischen Bewegung, oder kurz: in feministisch-sozialistischen Gruppen. Vor einigen Jahren noch arbeiteten wir nur mit Material, das entweder aus der feministischen oder aus der sozialistischen Ecke kam. Nach und nach begannen wir, unser eigenes Material zu schreiben, das vervielfältigt innerhalb der feministisch-sozialistischen Gruppe zirkulierte. Wir haben bemerkt, daß ein Bedürfnis an einer Art Zusammenfassung bestand, die auch für Frauen lesbar ist, die bisher keine feministische oder marxistische Schulung hinter sich hatten. Das wichtigste Material war zunächst aus dem Ausland gekommen, es war schwer zugänglich oder zu schwierig und speziell geschrieben. Dieses Buch ist eine Einführung, eine kurze Zusammenfassung davon, was die Diskussion bis jetzt ergeben hat. Es ersetzt keine weitere Beschäftigung mit diesem Thema, im Gegenteil, es soll als Anregung dazu dienen.

Wir haben versucht, es einfach zu schreiben, möglichst ohne linken oder feministischen Jargon. Wir haben viel aussortieren müssen, wobei uns die Auswahl sehr schwer fiel. Es sollte nicht umfangreicher werden, als es jetzt ist, weil es dann mehr als 10 Mark kosten würde und wir fanden, daß eine Einführung nicht teurer sein sollte.

Dieses Buch ist als Diskussions- und Schulungsmaterial für

Frauengruppen in linken Parteien und Gewerkschaften gedacht, für Betriebsgruppen, für autonome Frauengruppen und für interessierte, aber noch nicht organisierte Frauen. Wir hoffen auf Kommentare und Kritik, damit wir uns weiterentwickeln können. Dieses Buch soll ein Arbeitsmittel sein, nicht bloß eine unverbindliche Information.

Ein halbes Jahr vor der Veröffentlichung schrieb ich die erste Fassung dieser Einführung. Das Konzept wurde mit der feministisch-sozialistischen Landesgruppe und mit der Sektion Alt-Süd-Amsterdam der „Roten Frauen“ durchgesprochen. Auch meine Freundinnen, Joyce Outshoorn, Marjan Sax und Selma Leydersdorff, lasen es und gaben Anregungen und Verbesserungen. Wenn auch die Ideen, die hier enthalten sind, das Resultat eines kollektiven Denkprozesses sind (darum spreche ich stets von „wir“), bin ich doch für die endgültige Fassung verantwortlich. Ich hoffe, daß die Frauen, die mit dieser Einführung arbeiten werden, verstehen, daß die bisweilen allzu schematische Darstellung von Sachverhalten, die in Wirklichkeit weitaus komplizierter sind, bei einem Umfang von 140 Seiten unvermeidbar war. Eine weitergehende Vertiefung und Nuancierung muß in der Praxis von den Frauengruppen selbst geleistet werden.

4. Über den Inhalt

Im ersten Kapitel teilen wir etwas mit über die patriarchalen Verhältnisse, wie sie schon vor der Entstehung des Kapitalismus bestanden. Diesen Geschichtsabschnitt behandeln wir ziemlich kursorisch. Dann folgt eine vielleicht etwas trokkene Darlegung über das, was Kapitalismus eigentlich ist. Wir müssen zuerst Übereinstimmung darüber erzielen, was wir genau meinen, wenn wir sagen, daß die Frauenbefreiung im Kapitalismus nicht verwirklicht werden kann.

In Kapitel III gehen wir über zur konkreten Situation der Hausfrauen, weil wir die Hausfrauenexistenz als den bestimmenden Faktor für die Unterdrückung der Frauen ansehen. Im darauffolgenden Kapitel versuchen wir, das Material zu interpretieren und den Zusammenhang zwischen der Funktion von Hausfrauen und dem kapitalistischen System zu ergründen. Die Situation der Frauen ist jedoch nicht nur durch die Hausarbeit bestimmt, sondern auch durch Beschäftigung in Lohnarbeit. Davon handelt das nächste Kapitel.

Daran schließt sich eine Diskussion darüber an, welches Interesse der Kapitalismus an der Aufrechterhaltung der Familie hat und welche Interessen die Männer daran haben. Danach arbeiten wir die Ideologie des Kapitalismus heraus, da die Unterdrückung der Frau nicht ausschließlich aus ihrer materiellen Situation erklärt werden kann, sondern vor allem auch aus dem Wechselspiel zwischen unserem Denken und den konkreten Lebensumständen.

Dann folgt ein Kapitel über die Lage der Frauen in der Sowjetunion und in China, um Vergleichsmaterial zu bieten und eine erste Antwort auf die Frage zu geben, wie der Sozialismus die Frauen befreien kann. In den anschließenden Kapiteln versuchen wir, die Grundgedanken zusammenzufügen; wir gehen der Frage nach, warum Sozialismus ohne Befreiung der Frauen kein Sozialismus ist und warum Feminismus, der nicht antikapitalistisch ist, wenig Aussichten auf Erfolg hat. Im Strategie-Kapitel zeigen wir auf, welche Konsequenzen die feministisch-sozialistische Analyse hat und wie wir weiter arbeiten können.

I. Patriarchat

1. Geschichte

Häufig wird behauptet, daß Frauen von Natur aus Hausfrauen und Mütter sind. Sieh mal, wird gesagt, durch die ganze Geschichte hindurch ist es nicht anders gewesen. Und in allen Kulturen sind die Männer die Führer, weil das in ihrer Natur liegt, weil sie stärker sind.

Das Patriarchat, die Herrschaft von Männern über Frauen, wird dargestellt als eine natürliche Folge unserer biologischen Merkmale. Frauen werden nun einmal schwanger, darum bleiben sie zu Hause. Frauen sind nun einmal darauf eingestellt, andere zu versorgen. Die Männer, die mehr Muskelkraft haben, sind Jäger, Verteidiger. Von hier aus ist es nur noch ein kleiner Schritt, die Rollenverteilung zwischen Männern und Frauen, wie sie uns in dieser Gesellschaft begegnet (Frauen als Hausfrauen, Männer als Ernährer), als eine unumgängliche, natürliche Sache anzusehen.

In der Frauenbewegung glauben wir nicht mehr daran. Wir werden als Menschen geboren, es werden Männer und Frauen aus uns gemacht. Die biologischen Unterschiede, die zwischen Männern und Frauen bestehen, reichen nicht aus, die sehr verschiedenen Leben, die wir führen, und die unterschiedlichen Eigenschaften, die uns zugeschrieben werden, zu erklären. Es gibt eine ganze Reihe von Gründen, warum wir das nicht glauben.

Erstens wissen wir, daß in einigen Kulturen die Rollenverteilung zwischen Männern und Frauen völlig anders geregelt ist als bei uns. Die bekannte Anthropologin Margaret Mead hat zum Beispiel in Neuguinea Stämme angetroffen, bei denen alle Menschen „weibliche“ Eigenschaften hatten, das heißt, darauf eingestellt waren, andere zu versorgen, freundlich zueinander und friedlich zu sein. Ein anderer Stamm dagegen war in seiner Gesamtheit herrschsüchtig, aggressiv; die Eigenschaften, die wir hier als „männlich“ bezeichnen, galten da auch für die Frauen. Und bei noch einem anderen Stamm hatten die Frauen eine aktive Rolle und die Männer warteten zu Hause, bis ihre Frauen von der Arbeit zurückkamen, während sie sich schön machten.

Zweitens können wir aus der Geschichte erfahren, daß sich die Stellung der Frau immer wieder verändert hat, und daß den Frauen auch andere Eigenschaften zugeschrieben wurden.

Für uns ist es wichtig, der Frage nachzugehen, wie Frauen in verschiedenen Gesellschaftsformen lebten und was über sie gedacht wurde. Dann sehen wir, daß vor allem die Arbeit, die von Frauen getan wurde, entscheidend war für die Machtfülle, die Frauen besaßen. Das unterschied nicht nur eine historische Periode von der folgenden sondern auch die Frauen der verschiedenen Bevölkerungsschichten voneinander. Wie unterdrückt Frauen in bestimmten Zeiträumen waren, können wir nicht einfach nur an den Gesetzen der jeweiligen Zeit oder an den formalen Rechten, die sie hatten, ablesen. Es geht vor allem um ihr konkretes tägliches Leben, um die Arbeit, die sie verrichteten, von der sie lebten. Je mehr wir über die Art und Weise erfahren, wie Frauen früher gelebt haben, um so besser können wir verstehen, wie die gegenwärtige Rollenverteilung zustande gekommen ist, durch welche Kräfte sie im wesentlichen herbeigeführt wurde und wie wir diese Rollenverteilung vielleicht verändern können.

Die Geschichte der Frauen ist bis jetzt gründlich vernachlässigt worden. Zum einen ist die offizielle Geschichtsschreibung eine Verzerrung der Wirklichkeit, da so getan wird, als würde Geschichte gemacht von einer Handvoll Herrscher, Seehelden und Königen, die miteinander Krieg führten, um Händel auszutragen, oder Entdeckungsreisen unternahmen, weil sie neugierig waren. In der Geschichte kommen gewöhnliche Menschen nicht vor.

Als dann endlich eine Sozialgeschichte geschrieben wurde, in der das tägliche Leben der Menschen eine zentrale Stellung einnahm, stellte sich heraus, daß Männer als Untersuchungsobjekt größere Bedeutung hatten als Frauen. Wir Frauen kommen in der Geschichte vor allem als Ausnahmen vor. Wir wissen etwas über Kenau Simonsz Hasselaar und über Jacoba von Bayern, jedoch sehr wenig über das gewöhnliche Leben unserer weiblichen Vorfahren. Das ist schon ein Symptom patriarchalischer Verhältnisse. Englische Feministinnen sagen: „History is his story", Geschichte ist *seine* Geschichte.

Aber die wenigen Dinge, die wir wissen, sind sehr interessant, und durch geduldiges Suchen können wir das Puzzle Teilchen für Teilchen zusammenfügen. Dann erfahren wir von unseren starken Schwestern, die schon damals immer wieder gegen ihre Unterdrückung aufstanden, von Hexen und Frauen, die in Revolutionen kämpften.

In diesem Buch haben wir nur wenig Raum, etwas über unsere Geschichte auszusagen. Wir marschieren mit Siebenmeilenstiefeln durch die Jahrhunderte. Damit zeichnen wir natürlich ein viel zu einfaches Bild: die Wirklichkeit war beträchtlich nuancierter und komplizierter, und die einzelnen Phasen folgten auch nicht so deutlich voneinander abgesetzt, wie es hier beschrieben wird.

2. Matriarchat

Einst, in der Urzeit, als die Menschen viel stärker von der Natur abhängig waren, hatten die biologischen Unterschiede zwischen Männern und Frauen ein größeres Gewicht als heute.

Während eines großen Teils ihres Lebens waren die Frauen schwanger oder stillten ihre Kinder. Es gab keine Geburtenregelung und keine andere Babynahrung als Muttermilch; so mußten Frauen eben einen Großteil ihres Lebens stillen.

Da die Lebenserwartung der Frauen viel niedriger war als heute, war der Lebensabschnitt, in dem die Frauen keine Kinder mehr bekommen konnten und nicht mehr für Kinder sorgen mußten, nicht sehr lang. Eine Frau zu sein bedeutete Mutter zu sein. Das hatte zur Folge, daß Frauen sich weniger schnell bewegen konnten und wegen ihrer kleinen Kinder verletzbarer waren und darum ihre Arbeit in der Nähe des „Hauses" taten.

Männer verrichteten die Arbeiten, bei denen es auf Schnelligkeit und Muskelkraft ankam. Die erste *Arbeitsteilung,* die Verknüpfung einer bestimmten Art von Arbeit mit einer bestimmten Gruppe von Menschen, war also die zwischen Mann und Frau. Aber das kann noch nicht so ohne weiteres heißen, daß daraus logischerweise die Herrschaft der Männer über die Frauen folgen mußte.

Es wird noch immer über eine Untersuchung diskutiert, die die Stellung der Frau in der Urzeit behandelt. Es gibt deutliche Hinweise, daß es einst ein „Matriarchat" gegeben hat. Zum Beispiel in der Theorie Friedrich Engels' wird beschrieben, wie das Zusammenleben unter dem „Mutterrecht" aussah. Die Frauen hatten eine sehr wichtige Aufgabe, nämlich Kinder zu gebären, und sie waren es, die Ackerbaumethoden entdeckten und die Herstellung neuer Werkzeuge lehrten. Nach Engels wurde die Vaterschaft erst bedeutsam, als die

Männer vom Jagen zur Viehzucht übergingen und damit der erste „Besitz“ entstand, der vermehrt werden konnte. Der Besitz wurde vom Vater auf den Sohn vererbt, und so entstand das Patriarchat, das an die Stelle des Mutterrechts trat. Wie und warum das so vor sich gegangen sein soll, wissen wir nicht.

Es ist gut zu wissen, daß die Herrschaft der Männer über die Frauen nicht immer bestanden hat, denn dieses Wissen widerlegt den Mythos vom „schwachen Geschlecht“ ausreichend. Auch wenn das Matriarchat nicht in der Form bestanden hat, wie sie Engels beschrieb, so haben wir doch Gründe genug, eine Veränderung der Stellung der Frau anzustreben. Eine Rechtfertigung dafür brauchen wir nicht in der Vergangenheit zu suchen; dafür bietet die gegenwärtige Situation Anknüpfungspunkte genug. Aber für uns ist es wohl wichtig zu wissen, welche gesellschaftlichen Faktoren die Unterdrükkung der Frauen bewirkt haben und wie diese Faktoren sich im Laufe der Zeit verändert haben. Mit dieser Erkenntnis können wir besser verstehen, wie Frauen heute unterdrückt werden.

3. Produktionseinheiten im Mittelalter

Wenn wir das Mittelalter betrachten, sehen wir, daß die Menschen damals in selbständigen Produktionseinheiten miteinander lebten. Damit ist gemeint, daß die Menschen, die in einer bestimmten Gemeinschaft miteinander lebten, sich in allen ihren Lebensbereichen selbst versorgen konnten. Damals ging die Arbeitsteilung schon über die zwischen Mann und Frau hinaus. Nicht jeder hatte gelernt, alles selbst zu machen, nicht jeder tat die gleiche Arbeit: es entstanden Berufe wie Schmied oder Gerber. Es gab deutlich voneinander unterschiedene Stände: dem Adel, der das Land besaß, standen die Hörigen gegenüber, die gezwungen waren, für den Adel das Land zu bearbeiten.

Von „Hausfrauen" kann man zu jener Zeit kaum sprechen. Jeder arbeitete sowohl zur Befriedigung der Bedürfnisse des eigenen Lebens als auch zur Herstellung von Produkten, die getauscht oder auf dem Markt verkauft werden konnten. Frauen leisteten eine sehr wichtige Arbeit für den Fortbestand der Familie. Sie spannen und webten, sie stellten Käse und Butter her. Mit dem, was sie über den eigenen Bedarf hinaus produzierten, konnten sie Handel treiben.

Öffentliches und privates Leben waren nicht so streng voneinander getrennt. Obwohl Männer und Frauen oft unterschiedliche Arbeiten verrichteten, war die Arbeit der Frauen für den Fortbestand der Menschheit mindestens ebenso bedeutsam wie die der Männer. Viele Berufe wurden ausschließlich von Frauen ausgeübt. Bierbrauen war zum Beispiel ein typisch weibliches Handwerk. Frauen konnten sich, wenn sie ihr Fach gut verstanden, eine relativ selbständige Existenz aufbauen. In Gildeberichten finden wir zum Beispiel weibliche Zimmerleute, Tischler und Sattler.

Auf dem Land arbeiteten die Frauen ebenso hart wie die Männer und oft bekamen sie den gleichen Lohn, da ihre Arbeit gleich wichtig war. Obwohl man damals davon ausging, daß Frauen ihren Männern und Vätern gehorchen mußten, und obwohl Frauen von wichtigen Funktionen ausgeschlossen waren, hatten sie in jedem Fall aufgrund der Arbeit, die sie taten, eine starke Verhandlungsposition. Männer wie Frauen wurden durch den herrschenden Adel unterdrückt, aber innerhalb ihrer eigenen Klasse hatten die Frauen keine so schwache Position.

Im Vergleich zu den Frauen der Bauern und Bürger mußten sich Frauen aus dem Adel ihren Männern sehr viel stärker unterordnen. Ihr Leben war zwar nicht so hart wie das der Frauen der Hörigen, aber sie waren viel abhängiger. Sie hatten keine Arbeit, mit der sie ihren eigenen Lebensunterhalt verdienen konnten. Meistens durften sie auch kein Land besitzen, weil das zur Zersplitterung des Landbesitzes geführt hätte. Als dann – durch welche Gründe auch immer – Land in ihren Besitz kam, wurden sie dadurch noch stärker zur heiratsfähigen Ware. Die Heirat diente dazu, den Besitz auf den Mann zu übertragen. So sehr jene Zeit auch von einem romantischen Hauch höfischen Lebens und Minnesängern umgeben war, ist es doch wahrscheinlich, daß die sexuelle Freiheit der adligen Frauen viel stärker eingeschränkt war als die der Bauersfrauen.

Wir können schon an diesem Zeitabschnitt sehen, daß die Stellung der Frau und die Art und Weise wie Frauen eingeschätzt werden, wesentlich mit dem ökonomischen Nutzen, den Frauen für die Gesellschaft haben, zusammenhängt. Wir dürfen dabei nicht vergessen, daß es viele Formen von Unterdrückung gab, die allein auf Frauen angewandt wurden: zum Beispiel das Recht der adligen Herren auf sexuellen Umgang mit Frauen aus dem Bauernstand.

„Der Mann da sagt, daß Frauen beim Einsteigen geholfen werden muß und daß sie über Gruben getragen werden und immer auf dem besten Platz sitzen müssen. Niemand hilft mir je beim Einsteigen oder über Schlammpfützen weg oder gibt mir den besten Platz! Und bin ich keine Frau? Sie mich an! Schau dir meinen Arm an! Ich habe gepflügt und gepflanzt und gemäht, und kein Mann hat es besser gemacht! Und bin ich keine Frau? Ich konnte genauso hart arbeiten wie ein Mann und genausoviel essen – wenn ich es bekommen konnte – und bekam noch Peitschenschläge dazu! Und bin ich keine Frau? Ich habe dreizehn Kinder gehabt und gesehen, wie die meisten in die Sklaverei verkauft worden sind, und als ich es

in meinem Gram als Mutter herausschrie, hörte mich niemand außer Jesus. Und bin ich keine Frau?"
Sojourner Truth, 1850

---

4. Trennung von Arbeit und Wohnung

Früher arbeiteten die Frauen noch zusammen mit den Männern in der Landwirtschaft und in Handwerksbetrieben. Diese Einheit von Wohn- und Arbeitsplatz sehen wir heute noch dort, wo kleine Betriebe an das Wohnhaus angeschlossen sind oder wo sich das Lager des Händlers noch im Wohnhaus befindet. Bei fortschreitender Arbeitsteilung kommt es jedoch zu einer immer deutlicheren Trennung zwischen der Wohnung und dem Arbeitsplatz der Menschen.

Mit der Vergrößerung der Betriebe verschwand die Arbeit aus dem Haus. Die Frauen blieben hinter dieser Entwicklung zurück und wurden allmählich aus manchen Berufen verdrängt. Das ging nicht ohne Gegenwehr ab. Aber wir müssen bedenken, daß die Möglichkeit, zu Hause bleiben zu können, für Frauen der Wohlhabenderen, die keine materiellen Sorgen hatten, ein Luxus war (oder auf den ersten Blick als ein Luxus erschien, weil es nicht immer deutlich war, daß eine Frau ohne Arbeit auch keine Aussicht auf eine selbständige Position hat). Für Frauen, deren materielle Situation schlechter war, bedeutete die Verdrängung aus ihren Berufen, daß sie sehr erfindungsreich sein mußten, um ihren Lebensunterhalt zu sichern. Wir wissen, daß manche Frauen gleichzeitig von Heimarbeit, Schweineaufzucht, Putzdiensten bei Bessergestellten und Prostitution leben mußten. Offiziell galten diese Tätigkeiten nicht als Berufe und darum kommen sie in der Geschichtsschreibung auch kaum vor. Das Bild von der

Hausfrau, die das Haus hütet und von ihrem Mann unterhalten wird, bleibt vorläufig das Ideal. Zu diesem Ideal paßt das Bild von der Kindererziehung als einer speziellen Aufgabe und nicht als etwas, das von selbst geschieht.

Daß alle Frauen in erster Linie Hausfrauen sind, ist also eine ziemlich moderne Erscheinung, die erst dann massenhaft auftrat, als die Trennung von Wohnen und Arbeiten fast gänzlich vollzogen war. Und wir sehen, daß die Unterdrükkung der Frauen nicht in dem Moment beginnt, in dem sie gezwungen werden, außer Haus zu arbeiten, sondern schon viel eher: wenn sie aus ihren Berufen verdrängt werden und damit ihre Chancen einer ökonomisch unabhängigen Existenz verlieren.

5. Patriarchalische Verhältnisse heute

Frau zu sein bedeutet heute nicht mehr automatisch, auch Mutter sein zu müssen. Wir haben Verhütungsmittel, wir können wählen, ob und wie viele Kinder wir haben wollen. Es gibt Babynahrung, die Ernährung der Kinder muß nicht zwangsläufig Aufgabe der Frauen sein. Wir leben länger, und der Teil unseres Lebens, in dem wir tatsächlich damit beschäftigt sind, Kinder zu gebären und zu versorgen, wird im Verhältnis zum Rest unseres Lebens zunehmend kleiner.

Die Macht der Männer hängt nicht mehr direkt mit ihrer Muskelkraft zusammen. Schwerarbeit haben größtenteils Maschinen übernommen. Die mächtigsten Männer sind ausgerechnet diejenigen, die nur selten ihre Muskeln betätigen müssen. In der Biologie findet man keine Rechtfertigung für die Ungleichheit zwischen Männern und Frauen, aber die stereotypen Vorurteile über das „schwache“ und das „starke“ Geschlecht haben ein zähes Leben.

Patriarchalische Verhältnisse scheinen auf den ersten Blick

ins Mittelalter zu gehören. Doch auch heutzutage können wir alle möglichen Formen patriarchalischer Verhältnisse feststellen. Zum Beispiel in dem Gesetz, das der Frau vorschreibt, ihrem Mann zu folgen, wenn dieser umzieht, oder in der Gewohnheit, daß die Frau bei der Heirat den Namen ihres Mannes annimmt.

Patriarchalische Verhältnisse zeigen sich auch in der doppelten sexuellen Moral, die einen Mann, der viele Frauen „aufreißt", als einen „echten Mann" lobt, die Frau aber, die sich „aufreißen läßt" als Dirne bezeichnet. Auch die Mißhandlung von Frauen in der Ehe ist ein Beispiel für patriarchale Verhältnisse (ungefähr eine von zweihundert Frauen wird hin und wieder von ihrem Mann geschlagen, die Hälfte aller ernsten Mißhandlungen an Frauen geschieht in der Ehe). Wir sehen es auch an der Gesetzgebung, die bestimmt, daß eine Frau nicht von ihrem Ehemann vergewaltigt werden kann, da er doch nicht stehlen kann, was längst sein Besitz ist. Und wir finden patriarchalische Verhältnisse auch in der Bevormundung von Frauen durch die Kirchen und politischen Parteien, die den Frauen die Selbstbestimmung über ihren eigenen Körper verweigern mit Hilfe der über hundert Jahre alten Abtreibungsgesetze.

II. Kapitalismus

Wir leben heute in einem kapitalistischen System. Die Unterdrückung der Frauen hat viel mit dem Kapitalismus zu tun. Bevor wir das in den folgenden Kapiteln weiter ausarbeiten müssen wir sagen, was Kapitalismus eigentlich ist.

Die Worte Kapitalismus oder kapitalistisches System hört man täglich. Dennoch ist nicht für jeden deutlich, was damit genau gemeint ist und noch weniger, was Kapitalismus mit Frauen zu tun hat, abgesehen von den stets steigenden Lebensmittelpreisen. Wir alle können beobachten, daß es eine Kluft gibt zwischen Arm und Reich, und daß ein Unterschied darin besteht, in einer kleinen Wohnung in einem Abbruchgebiet zu wohnen oder in einer Luxusvilla. Aber es scheint, als ob die Kluft kleiner wird, weil die Armut abnimmt. Bei uns sterben die Menschen nicht mehr einfach an Hunger. Es gibt eine soziale Versorgung, die es beinahe unmöglich macht, daß jemand ganz ohne Einkommen dasteht. Viele Menschen haben ein Auto. Aktionäre und Keksverpackerinnen sehen sich dasselbe Unterhaltungsprogramm im Fernsehen an, jugendliche Arbeiter tragen die gleichen Jeans wie ihre Altersgenossen in der Schule. Werden die scharfen Kanten der Ungleichheit langsam vom Kapitalismus abgeschliffen? Müssen wir immer noch nach einer anderen Gesellschaft rufen? Um begreifen zu können, was der Kapitalismus für uns bedeutet, müssen wir erst seine Geschichte betrachten.

1. Entstehung

Einst produzierten Menschen nicht mehr als sie für ihren direkten Lebensunterhalt nötig hatten. Am Anfang lebten sie einfach von den Dingen, die die Natur bot: Beeren, Wurzeln, kleine Tiere. Von Besitz war damals noch kaum die Rede, die Werkzeuge waren einfach, jeder konnte sie herstellen. Sie lernten, das Land zu bebauen. Sie waren nicht mehr abhängig von dem, was sie zufällig fanden. Von der Jagd gingen sie zur Viehzucht über. Sie entwickelten immer bessere Werkzeuge. Je mehr sie über ihren eigenen Verbrauch hinaus produzierten, um so häufiger konnten sie Dinge tauschen. So konnte eine immer weitergehende Arbeitsteilung entstehen. Z. B. spezialisierten sich die einen darauf Kleider, die anderen Möbel herzustellen. Immer noch war es aber so, daß alle imstande waren, ihr eigenes Werkzeug herzustellen, ein Spinnrad oder Zimmermannswerkzeug. Es verstand sich damals von selbst, daß derjenige, der ein Spinnrad besaß, auch der Eigentümer des Garns war, das damit gesponnen wurde. Oder mit anderen Worten: der Besitzer der Produktionsmittel war auch der Besitzer des Produktes, das von ihm hergestellt wurde.

2. Geld und Handel, Arbeitsplätze und Maschinen

Am Anfang tauschten die Menschen ihre Produkte einfach untereinander. Es erwies sich aber als handlicher, ein festes Tauschmittel – Geld – zu haben. So mußte man nicht immer Produkte von gleichem Wert tauschen.

Nach der Einführung des Geldes entdeckte man, daß mit dem Handel Geld verdient werden konnte. Wenn man Produkte auf dem Land für wenig Geld kauft und die Produkte in der Stadt für mehr Geld verkauft, entsteht Gewinn. Und mit dem Gewinn konnte man den Besitz vergrößern. Anstatt von Bauernhof zu Bauernhof zu gehen, um gesponnene Wolle zu kaufen, konnten Händler selbst Arbeitsplätze einrichten. Dort ließen sie Menschen an Spinnrädern, die von dem Gewinn aus dem Handel gekauft waren, für sich arbeiten. Es gab also schon vor der Erfindung der Maschinen eine Form von Kapitalismus: Menschen, die Produktionsmittel besaßen und die damit andere Menschen für sich arbeiten ließen. Aber noch immer waren die meisten Menschen im Prinzip in der Lage, ihre Werkzeuge selbst zu besitzen. Ein Geselle, der bei einer Gilde ein Handwerk lernte, arbeitete für seinen Meister, aber er wußte, daß er später selbst Meister werden konnte.

Die einfachen Arbeitsplätze wurden zu ausgedehnteren Betrieben, in denen nicht mehr jeder ein ganzes Produkt herstellte, sondern die Produkte durch Zusammenarbeit (zum Beispiel: der eine spinnt, der andere webt) entstehen: die „Manufaktur", der Vorläufer der Fabrik. Mit der Einführung von Dampfmaschinen fand eine gewaltige Vergrößerung der Produktion statt. Mit Maschinen kann schneller und damit billiger produziert werden als mit kleinen Werkzeugen. Die alte Hausindustrie konnte damit nicht Schritt halten. Es entstehen viel größere Unterschiede im Besitz als das vordem möglich war. Auf der einen Seite gibt es Händler, die in der Lage sind, Maschinen zu kaufen, auf der anderen Seite Menschen, die nicht mehr von dem leben können, was sie mit ihren alten Werkzeugen herstellen, weil sie ihre Produkte nicht so billig verkaufen können wie die maschinell gefertigten Produkte. Sie waren deshalb gezwungen, sich bei den Manufakturbesitzern als Lohnarbeiter zu verdingen.

So entstanden zwei Klassen: die Kapitalisten, die Besitzer von Produktionsmitteln auf der einen Seite, und die Menschen, die gezwungen sind, in Lohndienst zu arbeiten, das Proletariat auf der anderen Seite. Aber während die Produkte nun durch kollektive Arbeit entstehen und nicht mehr wie früher individuell gefertigt werden, wird die alte Weise der Aneignung weiter gehandhabt, nämlich daß derjenige, der die Werkzeuge besitzt, auch der Eigentümer des Produktes ist. Die Menschen, die etwas herstellen, werden von ihren Produkten, die nicht mehr ihr Eigentum sind, getrennt. Sie können immer weniger durch individuelle Produktion ihren eigenen Lebensunterhalt bestreiten, sie werden abhängig von einem Platz im kollektiven Arbeitsprozeß. Oder, um es anders zu sagen: die Produktion ist vergesellschaftet. Mehr und mehr Menschen werden lohnabhängig. Dieser Prozeß hält noch immer an. Ein Lebensmittelhändler, der nicht mehr gegen die Konkurrenz ankommen kann, hat die Wahl, entweder unterzugehen oder sich von einem Lebensmittelgiganten aufkaufen zu lassen, und als „Chef" seiner „Filiale" weiterzuarbeiten. Dann ist er lohnabhängig. So verschwinden ziemlich viele selbständige Berufe im Produktionssektor. Auch selbständige Bauern gibt es immer weniger. Bauernhöfe heißen jetzt „Agrarbetriebe", und auch die Bauern sind entweder lohnabhängig oder Besitzer des Betriebes.

3. Kapitalistische Produktion

Die Spaltung in Klassen hat weitgehende Konsequenzen für die Organisation unseres Lebens. Verschiedene Interessen stehen sich extrem gegenüber und sind nicht miteinander zu vereinigen: das Interesse der Eigentümer von Produktionsmitteln, das dem Gewinnstreben alles unterordnet, und das Interesse der Lohnabhängigen, so angenehm wie möglich leben zu können und über ihr Leben selbst verfügen.

Ein Unternehmer kann sein Unternehmen nur betreiben, wenn die Menschen seine Produkte kaufen. Das tun sie, wenn er seine Produkte billiger verkauft als seine Konkurrenten.

Und um die Produkte billig herstellen zu können, muß er seine Produktion ständig vergrößern. Wenn er hunderttausend Socken herstellen läßt, ist jedes Paar Socken billiger, als wenn er zehntausend herstellen läßt. Damit kann er andere Unternehmer vom Markt drängen. Früher war der Produktion eine natürliche Grenze gesetzt: jemand, der Hemden nähte, konnte nicht gleichzeitig mehrere anfertigen, und wenn es sich zeigte, daß es überhapt keinen Bedarf dafür gab, machte er/sie etwas anderes.

Heute, mit den neuen Maschinen und dem Zwang, die Produktion ständig zu vergrößern, entsteht Überproduktion. Es kommen zum Beispiel zweimal soviel Socken auf den Markt, wie die Menschen kaufen wollen. Die kleinen Betriebe, die Socken produzieren, gehen dann zuerst pleite. Es werden Arbeiter entlassen. Die haben keinen Lohn mehr und kaufen auch keine Socken. Die nächste Fabrik geht pleite, noch mehr Entlassungen, noch weniger Lohn, der ausgegeben werden kann, usw. Diese Erscheinung, die wir Krise nennen, ist ein typisches Merkmal des kapitalistischen Systems; die Krise, die aus dem Widerspruch von Überfluß an Produkten auf der einen Seite und Überfluß von Arbeitern ohne Arbeit und ohne Geld auf der anderen Seite entsteht.

Die Krisen, wie sie seit dem Aufkommen des industriellen Kapitalismus regelmäßig vorkamen, sind inzwischen weniger heftig zu spüren als früher. Durch Monopolbildung und Preisabsprachen schützen sich die Betriebe gegen diese Art von Krisen. Daneben bekommen die Arbeitslosen eine Unterstützung, die ihnen einen, wenn auch nur reduzierten, Konsum erlaubt.

Aber noch immer gibt es absurde Gegensätze: es gibt Wohnungsnot, und es gibt arbeitslose Bauarbeiter. Nichts verhindert ein Ende der Wohnungsnot außer das kapitalistische System selbst, da nur in die Produkte investiert wird, die den Unternehmern den größten Gewinn bringen. Und dazu gehören Wohnungen mit sozialen Mieten nicht. Wenn in jeder Saison eine neue Mode und neue Automodelle mehr Gewinne abwerfen als Häuser, bekommen wir Kleider und Autos aber keine Wohnungen.

4. Moderne Armut

Weil nur noch die massenhafte Produktion von Gütern rentabel ist, kann der Unternehmer die Nachfrage nach seinen Produkten nicht mehr dem Zufall überlassen. Er geht dazu über, die Bedürfnisse zu manipulieren: Stets verfeinerte Reklametechniken und schnelle Modewechsel bewirken, daß wir neue Sachen kaufen, auch wenn die alten noch lange nicht verschlissen sind.

Die größte Ungerechtigkeit im Kapitalismus ist die, daß die Menschen, die die Produkte herstellen, kein Mitspracherecht darüber haben, was und wie produziert wird. Wir bekommen nicht die Chance, gegeneinander abzuwägen, was wirklich unseren Bedürfnissen entspricht, denn wir sind von den Investitionsentscheidungen der Unternehmer abhängig. Und die entsprechen meistens nicht den Dingen, an denen wir wirklich Interesse haben. So dürfen wir zwar zwischen verschiedenen Automarken wählen, haben aber keine Entscheidungsmöglichkeiten für bessere öffentliche Verkehrsmittel. Wir dürfen uns zwar zwischen verschiedenen Waschmaschinen entscheiden, aber nicht für mehr und billigere Waschsalons. Kollektive Versorgung erzielt weniger Gewinn als individueller Konsum. Wir können auch nicht darüber entscheiden, ob wir nicht lieber weniger arbeiten wollen und dafür weniger Produkte auf den Markt kommen. Oder ob die Reklame abgeschafft und das Geld für Bildung zur Verfügung gestellt werden soll. Oder uns für weniger Industrie und eine saubere Umwelt zu entscheiden. Die Freiheit, auf die wir in unserer westlichen Welt ja so stolz sind, ist in erster Linie die Freiheit des individuellen Konsums.

Die Armut im modernen Kapitalismus ist eine andere Armut als früher. Es gibt keine Kinder mehr, die mit Lumpen am Leib in den Bergwerken arbeiten müssen, wie es in der Frühphase des Kapitalismus in England war. Die Armut wurde in die Dritte Welt verlagert. Dort kaufen wir billig die Rohstoffe ein, die wir dann als teure und überflüssige Fertigprodukte, als Entwicklungshilfe getarnt, wieder dorthin verkaufen. Aber die Armut sitzt auch in der Wohnungsnot, den zu großen Schulklassen, den Neubausilos ohne Spielplätze, wo jeder Quadratzentimeter abgeknapst wird, den Käfigen, in denen Alte und Kranke aufbewahrt werden, in schmutzigen Flüssen und im Leben in Gestank.

Und der „Reichtum" an Gütern geht auf Kosten der Arbeitssituation der Menschen. Da ist kein Platz mehr für „Demokratie" auf die wir doch so stolz sind. Da können Erwachsene belohnt und bestraft werden wie Kinder.

Ein Unternehmer versucht nicht nur, durch ständige Ausdehnung der Produktion gegen die harte Konkurrenz zu überleben. Er versucht auch, aus jeder Stunde, in der die Lohnabhängigen ihre Arbeitskraft verkaufen, mehr Arbeit zu pressen. Das geschieht unter anderem durch weitere Automatisierung oder durch Erhöhung der Geschwindigkeit des Fließbandes. Es geschieht auch durch Spezialisierung, bis jeder nur noch einen einzelnen Handgriff zu verrichten braucht – und das ein paar hundertmal am Tag. Und wenn es nicht gelingt, das Arbeitstempo zu erhöhen, kann der Betrieb zur Schichtarbeit übergehen. Das bedeutet, daß die Menschen auch nachts arbeiten, mit allen negativen Folgen für die ganze Familie.

5. Moderne Ausbeutung

Es scheint so, als bekämen die Menschen einen rechtmäßigen Lohn für die Arbeit, die sie liefern. Aber tatsächlich werden sie nicht für ihre Arbeit bezahlt, sondern für ihre Arbeitskraft, die sie stundenweise verkaufen. Wenn eine Näherin in einer Werkstatt in einer Stunde zehn Kleider zusammensetzt, bekommt sie dafür als Entlohnung nicht den Wert von zehn Kleidern, sondern vielleicht den Wert von zwei Kleidern. Der Unternehmer, der die Kleider verkauft, behält selbst den Wert von acht Kleidern. Einen Teil des Wertes benutzt er für den Ersatz von abgenutzten Maschinen und für den Kauf von neuem Stoff und neuem Garn. Den restlichen Teil nennen wir Mehrwert. Damit kann der Unternehmer machen was er will. Er nennt es Gewinn, als ob er es durch seine eigene und nicht durch die Anstrengung der Mädchen in der Werkstatt verdient hätte. Einen Teil kann er verschwenden, aber er wird auch weiter in seinen Betrieb investieren, um nicht Gefahr zu laufen, von Betrieben mit moderneren Maschinen niederkonkurriert zu werden. Die neuen Maschinen sind dann sein Eigentum, obwohl er sie nur dank der Arbeit, die er nicht selbst geleistet hat, kaufen konnte. Und da beginnt von neuem der Kreislauf: Weil er der Besitzer der Produktionsmittel ist, kann er wieder andere Menschen für sich arbeiten lassen und aufs neue Mehrwert einstreichen, den er wieder in seinen eigenen Betrieb investieren kann. Und dabei geht es nicht nur darum, daß er reicher wird von der Arbeit, die andere Menschen tun, es geht auch darum, daß er beschließen kann, was, wie und wo produziert wird. Wenn wir den Besitz von Produktionsmitteln nicht ansehen als etwas, das jemand nun einmal hat, weil er es geerbt hat oder weil er schlauer ist als jemand anders, sondern als Resultat der Machtposition, andere für sich arbeiten zu lassen, dann sehen wir, wie absurd einige Begriffe sind, die wir gebrauchen: der

„Arbeitnehmer“ ist eigentlich derjenige, der gezwungen ist, seine/ihre Arbeit abzugeben, der „Arbeitgeber“ ist derjenige, der sie einsteckt.

6. Parlamentarisches System und die Grenzen der Macht

Es gibt ein ganzes System von Gesetzen und Normen, um die kapitalistischen Eigentumsverhältnisse zu beschützen. Besitz wird von Generation zu Generation weitergegeben. Kleine Ladendiebstähle werden häufiger bestraft als das Umgehen von Sicherheitsvorschriften in Betrieben oder das Nichtangeben von Gewinn bei der Steuererklärung. Wir lernen, daß Arbeit adelt und daß, wer nicht arbeiten will, nichts bekommt und wenn die einzige Stelle, die man kriegen kann, auch noch so schlecht ist. Und dann wird uns noch das Jenseits als Belohnung für diese ewige Schinderei auf der Erde angeboten. In dem bestehenden System können Regierung und Parlament wenig anderes tun, als die Sache so glatt wie möglich ablaufen zu lassen. Sie können ein bißchen an der Einkommensverteilung verändern, sie können soziale Einrichtungen schaffen, sie können schwache Industriezweige subventionieren, um Arbeitsplätze zu erhalten. Wenn wir sehen, daß die Entscheidungen über die wichtigsten Dinge, die unser Leben betreffen – was und wie und wo produziert wird – nicht durch uns getroffen werden, sondern von einer kleinen Gruppe von Besitzern, dann sehen wir zugleich die Grenzen der Macht von Regierung und Parlament. Wir haben die Freiheit, bestimmte politische Parteien zu wählen, aber die Parteien haben eine sehr beschränkte Macht, selbst wenn sie in der Regierung sitzen. Dann können sie etwas im Staatshaushalt herumschieben, sie können ein wenig an der Einkommensverteilung drehen, indem sie höhere Einkommensgruppen steuerlich stärker belasten als untere, sie können die

Arbeitslosigkeit etwas vermindern, indem sie Menschen im öffentlichen Dienst arbeiten lassen und mehr für öffentliche Arbeiten ausgeben. Aber wenn sie es den Unternehmern zu schwer machen, können die immer beschließen, in einem anderen Land zu produzieren, wo sie weniger staatliche Auflagen in Kauf nehmen müssen und wo die Arbeitskräfte billiger sind.

Eine sozialistische Regierung kann versuchen, mit den Arbeitgebern darüber zu verhandeln, daß die Preise nicht schneller steigen als die Löhne; aber wenn die Arbeitgeber darauf nicht eingehen, hat die Regierung wenig Machtmittel in der Hand. Selbst mit der besten Absicht wird es einer sozialistischen Partei nicht gelingen, mit Hilfe des Parlaments aus einem kapitalistischen ein sozialistisches Land zu machen. Denn dazu ist notwendig, daß das Eigentum an Produktionsmitteln in andere Hände kommt. Wir produzieren kollektiv, also müßten wir auch kollektiv die Produktionsmittel besitzen, damit es möglich wird, in Übereinstimmung mit unseren wirklichen Bedürfnissen zu produzieren.

Die fundamentalen Klassengegensätze bestehen noch immer: Kapitalisten auf der einen Seite, Lohnabhängige auf der anderen Seite. Verdeckter als früher vielleicht, weil die lohnabhängige Klasse wieder aus vielen Schichten besteht. Zwischen einem lohnabhängigen Chef und einem lohnabhängigen Metallarbeiter gibt es selbstverständlich Unterschiede. Überdies besteht nicht die ganze Klasse aus Lohnarbeitern, wie wir das oft in marxistischen Theorien lesen können. Die Arbeiterklasse besteht zur Hälfte aus Hausfrauen, und Hausfrauen arbeiten, auch wenn sie keinen Lohn für ihre Arbeit bekommen.

III. Hausfrauen

Die allermeisten Frauen sind Hausfrauen oder erwarten, daß sie es werden. Unter Hausfrauen verstehen wir alle Frauen, die die Verantwortung für die Verpflegung des Mannes und/oder der Kinder und/oder der anderen Familienmitglieder tragen. In England sind ungefähr 85 bis 90% aller Frauen Hausfrauen. Bei uns werden es sicherlich nicht weniger sein. Und dann sollten wir noch bedenken, daß alleinstehende Frauen im Alter oft betagte Eltern oder kranke Brüder und Schwestern zu pflegen haben. Es ist also nicht übertrieben zu sagen, daß die Frauen als Gruppe in erster Linie durch ihr Hausfrauendasein bestimmt sind.

Obwohl jede Frau entweder selbst Hausfrau ist oder eine in ihrer Nähe hat und mit eigenen Augen sehen könnte, was Hausfrauen tun, gibt es doch viele Mythen rund um das Hausfrauendasein. Um nur einige zu nennen: Hausfrauen arbeiten nicht, sie können selbst ihre Zeit einteilen, sie sind ihr eigener Herr, sie haben viel weniger zu tun als ihre Mütter früher, sie sind zufrieden mit ihrem Dasein, sonst wären sie keine Hausfrauen geworden. Weil Hausfrauen im allgemeinen voneinander isoliert sind und wir obendrein von frühester Jugend an mit dem Bild einer „guten Hausfrau“ erzogen worden sind, kommen Frauen nicht so schnell dahinter, daß viele dieser Mythen nicht stimmen. Wenn sie selbst nicht mit der Arbeit, die sie verrichten, zufrieden sind, wenn sie das Gefühl haben, daß ihr Dasein nutzlos ist, daß sie nie fertig sind, daß ihr ganzes zukünftiges Leben aus Abwaschen und Staubsaugen bestehen wird, ohne daß irgend jemand jemals sieht, wieviel

Mühe es sie kostet, dann werden sie es in den meisten Fällen zuerst sich selbst vorwerfen. Hausfrauen geben es nicht gerne zu, daß sie unzufrieden sind, denn damit zeigen sie, daß sie schlechte Ehefrauen, schlechte Mütter sind. „Ich kann nicht klagen", sagen Hausfrauen, wenn man fragt, ob sie es gut finden, eine Hausfrau zu sein, und genauso ist es. Und dabei schluckt gut ein Drittel aller Frauen regelmäßig Schlaftabletten und Beruhigungsmittel.

Viele Hausfrauen fühlen sich angegriffen, wenn man sagt, daß sie sich mit einem monotonen, abhängigen Dasein nicht zufriedengeben sollten. Es scheint, daß man mit so einer Aussage die ganze Arbeit, die sie jahrein, jahraus verrichten, für unwichtig hält. Als ob nicht gerade die Erziehung von Kindern die gesellschaftlich wichtigste Arbeit ist, die es gibt. Als ob das Sorgen für andere Menschen nutzlos ist. Darum ist es wichtig, daß wir zwei Sachen voneinander trennen: Wenn wir uns dem Hausfrauendasein widersetzen, dann widersetzen wir uns nicht der Arbeit, die die Frauen verrichten, sondern wir widersetzen uns der Art und Weise, wie die Arbeit organisiert ist, nämlich so, daß sie auf Kosten der Entfaltungsmöglichkeiten der Frauen geht.

Ein anderes Argument, das Frauen davon abhält, sich öffentlich zu ihrer Unzufriedenheit zu bekennen, lautet: Männer haben es auch nicht einfach. „Als ob es schön wäre, an jedem Tag um acht Uhr zur Arbeit zu gehen und um sechs Uhr abends nach Hause zu kommen", sagen sie. Es ist darum wichtig, hier zu betonen, daß wir die Position der Frauen nicht nur an der Position der Männer messen. Die meisten Männer werden im kapitalistischen System auch unterdrückt; das kann man nicht leugnen. Aber es hat keinen Sinn, darüber zu debattieren, wer mehr oder weniger unterdrückt wird. Es geht darum, daß Frauen auf eine andere Art ausgebeutet werden als Männer und daß Männer davon profitieren oder zumindest nichts dagegen tun. Wir können die eine

Form der Unterdrückung nicht gegen die andere aufwiegen. Wir müssen die spezifische Art, wie Frauen unter dem Kapitalismus leben, beschreiben und analysieren und sehen, ob es nicht anders sein könnte. Wir brauchen unsere Unterdrükkung nicht an anderen unterdrückten Gruppen zu messen. Schließlich hat der Kapitalismus die unterdrückten Gruppen lange genug dadurch gespalten, daß er sie gegeneinander ausspielte. Wir müssen sehen, welche Mechanismen uns ständig zwingen, auf eine Art zu leben, die nicht mit den Möglichkeiten übereinstimmt, die es schon lange gibt. Dafür müssen wir erst untersuchen, was Hausfrauen eigentlich machen.

1. Hausfrauenarbeit

Hausfrauen sorgen nicht nur für sich selbst. Die meisten Hausfrauen waschen nicht nur ihre eigenen Kleider und beseitigen nicht nur ihre eigene Unordnung. Vielmehr sorgen sie für die Kleidung und Ordnung ihrer Kinder und die ihres Mannes. Die verschiedenen Aufgaben sind zu einem Ganzen geworden. Wenn eine Frau der Kinder wegen doch zu Hause bleiben muß, scheint es logisch, daß sie neben ihrer eigenen Verpflegung und die der Kinder auch die ihres Mannes regelt.

Weil sie doch waschen muß, wäscht sie auch seine Socken, weil sie doch Essen kochen muß, kocht sie auch für ihn. Was zum Beispiel in China allmählich viel gebräuchlicher geworden ist – daß jeder seine Sachen selbst aufräumt, seine eigene Kleidung versorgt, seinen eigenen Teller abwäscht –, ist in der westlichen kapitalistischen Gesellschaft sehr ungewöhnlich.

Männer sollten sich mal fragen, wie sie es finden würden, wenn sie alle, ohne Ausnahme, zu Bauern erzogen werden

würden, weil es so ein typischer männlicher Beruf ist. Wenn sie die Arbeit langweilig, schmutzig, nicht gewürdigt und isolierend finden, dann sagen wir ihnen einfach, daß sie mit ihrer männlichen Bestimmung leben lernen müssen. Und selbstverständlich dürfen sie einen kleinen Kursus besuchen, aber es darf nicht auf Kosten der Kühe gehen.
(Frei nach Renate Bookhagen)

Er will nicht auf die Kinder aufpassen. Er mag Kinder, er ist närrisch auf sie ... aber er will nicht für sie sorgen ... Vor kurzem wollte ich zu einem Begräbnis, aber er ließ mich nicht gehen. „Ich passe nicht auf die Kinder auf", sagte er. Wenn ich irgendwohin gehen will, muß das älteste Mädchen, Mary, zu Hause bleiben. Ich meine, er bleibt einfach nicht zu Hause, um auf die Kinder aufzupassen, nicht weil er keine Kinder mag, sondern weil er nun mal so ist, er geht davon aus, daß man dazu da ist, um für sie zu sorgen. Manchmal bringt er sie zu Bett. Aber nicht, wenn ich ihn darum bitte – er ist genauso wie sein Vater –, „Ich lasse mich von meiner Frau nicht kommandieren!" Er geht nie mit ihnen aus, hat ihnen noch nie eine saubere Windel umgebunden. Er spielt mit ihnen, aber das hängt davon ab, ob er gute Laune hat. Nicht, wenn er von seiner Arbeit nach Hause kommt. Ich finde, er ist gut zu den Kindern. Er ist närrisch auf sie.
(Ann Oakley, Interview mit einer Hausfrau, 1974)

Man sagt, daß Hausfrauen nicht arbeiten. Das „nicht arbeiten" nimmt aber sehr viel Zeit in Anspruch. Aus allen Untersuchungen, die über die Arbeitszeit von Hausfrauen gemacht worden sind, geht hervor, daß die durchschnittliche Arbeitswoche von Hausfrauen selten unter 50 Stunden liegt und daß für Frauen mit mehreren kleinen Kindern zu Hause eine

Arbeitswoche von 100 Stunden nicht ungewöhnlich ist. Aus Ann Oakleys Untersuchung über die Arbeitswoche von englischen Hausfrauen mit ein oder mehreren Kindern kam ein Durchschnitt von 77 Stunden pro Woche heraus; das sind 7 Stunden mehr als bei einer Untersuchung, die 15 Jahre zurücklag. Natürlich ist es schwer, genau die Grenzen zu ziehen zwischen dem, was wir Arbeit nennen und was nicht. Eines der bestimmenden Merkmale der Hausfrauenarbeit ist nun gerade, daß die Grenzen zwischen Freizeit und Arbeit so verschwommen sind. Ist das Flicken der Kleidung beim Fernsehen Arbeit oder Entspannung? Ist es Arbeit, wenn eine Frau einen Besuch macht und dabei auf die Kinder aufpassen muß? Kann man von Urlaub sprechen, wenn man sich auf einem Zeltplatz aufhält und genau die gleichen Handlungen verrichtet wie zu Hause: Essen kochen und Rotznasen abwischen? Ist die Sorge, daß sich der Mann nach der Arbeit entspannen kann, Freizeit oder nicht? Wir könnten sagen, daß alle Tätigkeiten, die Frauen nicht für sich selbst, sondern für ihre Hausgenossen verrichten, Arbeit sind, wie zynisch das auch klingen mag.

2. Monotonie und endlose Wiederholung

Hausfrauen sind nie mit ihrer Arbeit fertig. Es gibt eigentlich immer etwas, was noch gemacht werden muß. Hausarbeit liefert nur wenige sichtbare Ergebnisse. Man könnte sagen, daß man erst sieht, was Hausfrauen tun, wenn sie es *nicht* tun und es scheint, daß ein Haushalt ohne ihren Einsatz innerhalb einer Woche völlig verschlampt, wenn sich die schmutzigen Tassen in der Küche gestapelt haben, die saubere Kleidung schmutzig ist, keine Milch im Eisschrank steht und der Katzentrog anfängt zu stinken.

Frauen machen immer wieder dasselbe, eine endlose Wiederholung von Betten machen, Abwaschen, Einkaufen. Wie effizient man auch zu arbeiten gelernt hat, diesem Kreislauf entkommt man nicht. Man kann Kleidung nicht waschen, bevor sie schmutzig ist, man kann das Essen nicht vorher kochen, man kann den Staub vom nächsten Monat nicht im voraus aufsaugen. In dieser Hinsicht ist es also für Frauen unmöglich, ihre Zeit einzuteilen, sie sind abhängig von dem Lebensrhythmus der Familienangehörigen. Was sie wohl selbst bestimmen können, ist, zu welcher Zeit sie Kaffee trinken oder ihre knappe Freizeit gebrauchen wollen, um eine Zeitschrift zu lesen (und dann meistens eine Fachzeitschrift, die ihnen erzählt, wie man den Haushalt besser machen kann). Aber einen freien Nachmittag zu nehmen, um Einkäufe zu machen, bedeutet, daß sie am nächsten Tag wieder extra hart arbeiten müssen.

Auch die Freiheit, die Arbeit einzuteilen, ist nur sehr relativ. Hausfrauen sind an die Arbeitszeiten des Mannes und die Schulzeiten der Kinder gebunden. Sie müssen zu Hause sein, wenn der Milchmann und der Bäcker vorbeikommen. Wenn es keine ganztägige Schulpflicht gäbe, müßten sie die Kinder viermal am Tage abholen und zurückbringen oder mindestens zu Hause sein, um sie zu empfangen. Sie sind an die Öffnungszeiten der Geschäfte gebunden, an die Schlafenszeiten der Kinder, an die Zeit, zu der ihre Männer zu Hause sind, um sich zu entspannen.

Obwohl wenige Hausfrauen öffentlich sagen würden, daß sie mit ihrem Hausfrauendasein unzufrieden sind, ergibt sich aus der Untersuchung von Ann Oakley, daß die meisten Frauen mit ihrer Arbeit unzufrieden sind. Sie haben das Gefühl, daß ihre Arbeit monoton ist, daß ihr Tag vertan ist. Sie haben das Gefühl, daß sie ein höheres Arbeitstempo haben müßten, als sie selbst wollen. Und alle Hausfrauen haben das Gefühl, daß die Menschen, für die sie schließlich alles machen, zu wenig Anerkennung haben für ihre Arbeit.

Viele Männer kommen erst dahinter, wieviel Arbeit ein Haushalt macht, wenn ihre Frauen ein paar Tage krank sind und sie es selbst machen müssen.

Hausfrauen arbeiten alle getrennt voneinander. Sie machen alle dasselbe: Jede Hausfrau setzt um halb sechs die Kartoffeln auf, jede Frau holt ihre Kinder von der Schule ab, weicht ihre Wäsche ein. Das ist eine enorme Verschwendung von Arbeitskraft. Obwohl hier und dort Hausfraueninitiativen entstehen, um Arbeiten gemeinsam zu machen – die Kinder von der Schule abzuholen oder im Waschsalon auf die Wäsche von den anderen aufzupassen –, ist das Leben von Hausfrauen nicht dafür eingerichtet. Der moderne Wohnungsbau ist auf voneinander isolierte Familien eingerichtet. Es gibt wenige Gemeinschaftsräume, Kinderspielplätze, wo Kinder ohne Aufsicht spielen können, sind rar, die Häuser sind zu klein und zu hellhörig, um gleichzeitig viele Kinder spielen zu lassen. Küchen und Küchengeräte sind auf den individuellen Gebrauch abgestimmt. Wir werden auf keine Weise stimuliert, um aus unserer Hausfrauenisoliertheit herauszukommen – im Gegenteil. Daß so viele Frauen das Einkaufen als eine der angenehmsten Aufgaben empfinden, liegt daran, daß dies fast die einzige Möglichkeit ist, andere Menschen zu sehen.

Viele Frauen leiden unter der sozialen Verarmung, die das Hausfrauendasein mit sich bringt. Hausfrauen in modernen Wohnvierteln, wo es zwischen den Nachbarn wenig Kontakt gibt, sehen manchmal tagelang außer ihrem Mann und ihren Kindern nur den Milchmann oder die Kassiererin vom Supermarkt. Und gerade Frauen, die vor der Ehe berufstätig waren und mit Kollegen Kontakt hatten, spüren die Einsamkeit sehr stark. Deshalb gibt es auch so viel Streit über die Freizeitgestaltung zwischen Eheleuten: der Mann, der sich zu Hause von der Arbeit entspannen und sich vor dem Fernseher mit einem Bierchen erholen will, und die Frau, die schon den ganzen Tag in ihren vier Wänden eingeschlossen war und lieber ausgehen will, ins Kino und zu Besuch bei Bekannten.

3. Unterschied zwischen Hausarbeit und Lohnarbeit

Wie sich der Tag einer Hausfrau von dem Tag eines Mannes in Lohnarbeit unterscheidet sehen wir, wenn wir beide miteinander vergleichen.

Für einen Arbeiter gibt es eine deutliche Trennung von Arbeit und Freizeit. Er geht zu seiner Arbeit und erhält dafür einen Lohn, mit dem er das, was er konsumiert, bezahlen kann. Zu Hause ist für ihn der Ort, wo er sich ausruhen kann, wo er sein eigener Herr ist, wo er für den Verschleiß und die unerfreulichen Erlebnisse, die er bei seiner Arbeit hat, Ausgleich findet. Zu Hause ist kein Chef, der ihm sagt, was er zu tun hat, zu Hause ist er der Chef. Seine Frau empfängt ihn, hat die Wohnung gemütlich gemacht, hat das Essen fertig. Für die Hausfrau ist die Wohnung gleichzeitig ihr Arbeitsplatz. Es gibt keine Trennung zwischen Arbeitsplatz und Freizeit. Wenn ihr Mann nach Hause kommt, um sich auszuruhen, ist für sie oft gerade die Hauptarbeitszeit. Sie bekommt keine materielle Entlohnung für das, was sie macht. Der Lohn, den der Mann mitbringt, ist ausschließlich der Grundstoff, mit dem sie ihre Arbeit verrichten kann. Eine Hausfrau holt ihre Befriedigung nicht aus dem Lohn, sondern aus der Tatsache, daß sie sehen kann, wie gut es ihrem Mann und ihren Kindern geht; daß alle zufrieden sind.

Arbeiter arbeiten kollektiv, sie treffen an dem Ort zusammen, wo sie ausgebeutet werden. Wenn sie mit dem Arbeitstempo oder mit der Monotonie Probleme haben, können sie gleich sehen, ob auch andere diese Probleme haben. Wenn sie von ihrem Chef angeschnauzt werden, richten sie ihre Wut auf ihn und die Arbeitsumstände. Ein Arbeiter kann seine

Arbeit hassen wie die Pest, aber sie trotzdem weitermachen, weil ihm der Lohn genug Motivation bietet. Wenn er seine Unzufriedenheit über die Arbeitssituation äußert, nehmen wir es ihm nicht übel. Wir nennen ihn klassenbewußt. Hausfrauen arbeiten nicht zusammen. Wenn sie Probleme haben mit dem Arbeitstempo oder der Monotonie, schreiben sie sich das an erster Stelle selbst zu, oder der Tatsache, daß sie vielleicht einen falschen Ehemann ausgesucht haben, der nicht genug verdient, um ihnen das Leben bequemer zu gestalten. Wenn sie von ihrem Mann angeschnauzt werden, richtet sich ihre Wut oft gegen sich selbst. Frauen haben schnell das Gefühl, daß sie scheitern, oder sie haben das Gefühl, daß ihr Ehemann sie nicht versteht. Weil sie isoliert arbeiten, werden sie ihre Probleme selten den Arbeitsumständen zuschreiben. Sie haben gelernt, daß Unzufriedenheit etwas ist, für das man sich schämen muß. Wenn sie über ihr Dasein nörgeln, werden sie als neurotisch oder unweiblich bezeichnet. So eine Frau wird dann eine schlechte Hausfrau genannt.

4. Die neuen Aufgaben der Hausfrau

Wir sagen, daß Frauen es heute einfacher haben als die Hausfrauen früher. Sie brauchen viele Sachen nicht mehr zu tun, die ihre Großmütter vielleicht noch machten: Kleidung selbst herstellen, Brot backen, Gemüse einwecken. Allerlei neue Geräte stehen zur Verfügung, die das Leben von Hausfrauen leichter machen. Eisschränke, in denen man Essen aufbewahren kann, Kaffeemühlen, die das Mahlen mit der Hand ersparen, elektrische Mixer und sogar elektrische Messer. Die Wäsche braucht nicht mehr mit der Hand gewaschen zu werden. Und dennoch haben Frauen noch immer eine lange Arbeitswoche. Wie kommt das?

Zunächst einmal sind die meisten Haushaltsgeräte für den individuellen Gebrauch. Das Waschen ist jetzt einfacher, aber man muß die Wäsche noch immer eigenhändig in die Maschine stopfen und sie herausholen. Kaffeekochen ist einfacher geworden, aber es muß immer noch mehrere Male pro Tag gemacht werden. Und außerdem dürfen wir nicht vergessen, daß die Geräte auch Pflege erfordern, daß eine elektrische Fruchtpresse auch saubergemacht werden muß. Die Arbeit an sich ist schon vereinfacht, nur die Art, wie sie organisiert ist, ist im ganzen unverändert. Hausfrauen muß es immer geben, denn ihre Funktion liegt in ihrer Verfügbarkeit. Die Zeit, die durch den Gebrauch von neuen Geräten eingespart wird, ist meistens so zerstückelt, daß Frauen selten dazu kommen, wirklich etwas für sich selbst zu machen. Ganz abgesehen davon, daß sie durch ihre Isoliertheit kaum dazu angeregt werden, überhaupt etwas zu machen. Die eingesparte „Freizeit" geht dann auch meistens für kleine Aufgaben weg. Vielleicht für das Backen eines Kuchens oder das Häkeln von Kissen – Sachen, die wenigstens etwas von einem Kompliment oder einem Gefühl von Eigenwert bringen.

Zweitens hat sich die Aufgabe von Hausfrauen in den vergangenen Jahren verändert. Was Hausfrauen machen, hängt eng mit der Arbeit der Männer zusammen. Wenn die Arbeit des Mannes schwerer wird als früher, dadurch, daß zum Beispiel Schichtarbeit eingeführt oder die Fließbandgeschwindigkeit erhöht wird, kommt der Mann noch erschöpfter von der Arbeit nach Hause. Das bedeutet, daß er zu Hause noch weniger Energie hat, mehr umsorgt werden will, daß die Frau die Kinder ruhig halten muß. Gleichzeitig sehen wir, daß für einen Großteil der Arbeit mehr Qualifikation nötig ist als früher. Die Schulpflicht ist verlängert, der allgemeine Bildungsstand steigt. Und auch das hat für die Hausfrauen Konsequenzen: Sie muß die Kinder länger versorgen, sie muß bei den Hausaufgaben helfen, sie muß die Lebensumgebung dem neuen Entwicklungsstand anpassen. Frauen besuchen Fortbildungskurse, damit sie nicht hinter ihrem Mann und ihren Kindern zurückbleiben.

Wenn wir uns die Frauenzeitschriften ansehen und sie mit denen des vorigen Jahrhunderts vergleichen, dann stellt sich heraus, wie sich die Aufgabe von Hausfrauen verändert hat. Der Erziehung von Kindern wird immer mehr Aufmerksamkeit entgegengebracht. Als eine wichtige Aufgabe der Frau gilt, die Beziehung zwischen ihr und ihrem Mann in Ordnung zu halten. Das zeigt die Tatsache, daß Artikel über Beziehungsprobleme nur in Frauenzeitschriften stehen und daß es fast immer die Frauen sind, die zum Hausarzt oder zur Erziehungsberatung gehen, wenn es in der Ehe oder bei der Erziehung der Kinder Schwierigkeiten gibt. Von uns wird nicht nur erwartet, daß wir die Wohnung sauberhalten und gesundes Essen kochen. Es gehört jetzt auch zu unserer Aufgabe, die Wohnumgebung und uns selbst attraktiv zu halten. Je weniger es in den neuen Wohngegenden Gelegenheit gibt, außerhalb der Wohnung Entspannung zu finden, und sich die Freizeit immer mehr um den Fernseher abspielt, statt in der Kneipe oder bei einem Fußballspiel, desto höhere Anforderungen werden an die Hausfrauen gestellt. Und je unpersönlicher die Arbeit wird und das Nachbarschaftsleben zugunsten des Privatlebens zu Hause zurückgedrängt wird, desto mehr wird die Hausfrau für die Abwechslung, die sie Mann und Kindern bieten muß, verantwortlich gemacht.

5. Abnutzung

Häusliche Arbeit verursacht ganz spezifische Krankheitserscheinungen, die jedoch im allgemeinen nicht sehr ernstgenommen werden. Hausfrauen, deren Aufgabe es ist, die Spannungen des Mannes und der Kinder aufzufangen, haben selbst wenig Gelegenheit, ihre eigenen Spannungen abzureagieren. Obwohl die Hausarbeit weniger Muskelkraft als früher fordert (obwohl das Hochschleppen der Einkäufe plus Einkaufswagen samt zwei Kindern in den dritten Stock keine geringe Anstrengung erfordert), ist die körperliche Abnutzung der Hausfrauen nicht viel weniger geworden. Zum Haushalt gehören ganz spezifische Ermüdungserscheinungen. Die Dauerbeschäftigung verbunden mit der Unmöglichkeit, sich völlig zu konzentrieren auf das, was man tut, verursacht bei vielen Frauen eine Art chronische Ermüdung. Die Monotonie und die nie veränderte Umgebung und das Gefühl, daß das Leben keine anderen Möglichkeiten mehr bietet, macht viele Hausfrauen depressiv. Wenn Frauen über vierzig diese Symptome zeigen, sind die Ärzte sehr schnell dabei, es „die Wechseljahre" zu nennen und Pillen zu verschreiben. Viele Frauen flüchten sich in Tagträume und fühlen sich durch die Kinder irritiert, die sie darin stören. Andere fangen an, Beruhigungstabletten oder Schlafmittel zu schlukken. Wieder andere fangen morgens um 12 Uhr an, Alkohol zu trinken, um ihr Dasein erträglich zu machen. Andere drehen durch. Die Erfahrungen der Frauenbewegung zeigen, daß die Klagen der Frauen über Ermüdung oder Depression nur selten ernstgenommen werden. Ärzte gehen im allgemeinen davon aus, daß Frauen eher klagen. Eine deutsche Untersuchung hat aber ergeben, daß gerade Frauen länger Krankheiten mit sich herumschleppen als Männer, sei es auch nur deshalb, weil niemand da ist, der sie versorgt, wenn sie im Bett liegen bleiben. Weil Frauen voneinander isoliert sind, kommen sie nicht so schnell auf die Idee, daß ihre Ermüdung oder Depression nicht so sehr eine Privatsache ist, sondern vielmehr eine Reaktion auf ihre Arbeitsbedingungen. Und weil Ärzte im allgemeinen mit „subjektiven" Klagen wie Kopfschmerzen und Irritation wenig anfangen können, lassen sich die Frauen auch schnell mit Tabletten abspeisen.

6. Unterschiede nach Schichten

Das Hausfrauendasein unterscheidet sich in den verschiedenen Schichten der Bevölkerung viel weniger voneinander als die Arbeit der Männer. Abwaschen und Betten machen ist in allen Familien das gleiche, auch wenn die Frau eines Direktors vielleicht teurere Bettwäsche hat als die Frau eines Metallarbeiters. Die „Werkzeuge", mit denen Frauen aus verschiedenen Klassen arbeiten, sind vielleicht unterschiedlich, aber die Art, wie die Arbeit organisiert ist, unterscheidet sich wenig. Frauen mit reichen Ehemännern können einen Teil ihrer Arbeit einer Putzfrau zuschieben, aber das ist nur eine relativ kleine Gruppe. Ann Oakley konnte keinen großen Unterschied zwischen den Erlebnissen der Hausfrauen aus dem Mittelstand und aus Arbeiterschichten finden. Frauen aus der Arbeiterklasse haben größere Hemmungen, ihre Unzufriedenheit zu äußern. Das hängt vermutlich damit zusammen, daß eine Alternative – das Arbeiten in Lohnarbeit – für sie viel weniger anziehend ist als für Frauen aus dem Mittelstand, die meistens eine bessere Ausbildung haben. Standesunterschiede wie schönere Vorhänge oder eine teurere Sitzgarnitur verbergen, daß die Arbeit der Hausfrauen generell für alle dieselbe ist. Oft ist es nur der Status der Männer, der die Frauen voneinander trennt.

IV. Hausarbeit und Kapitalismus

Im letzten Kapitel haben wir das Hausfrauendasein beschrieben. Jetzt geht es darum, zu analysieren, wie das Hausfrauendasein mit der Gesellschaft, in der wir leben, zusammenhängt.

Aus dem Kapitel über den Kapitalismus wissen wir, daß die Trennung von Wohnen und Arbeiten eine ziemlich moderne Erscheinung ist. Früher gehörten das Herstellen von Produkten für den Tauschhandel (die Produktion) sowie für den eigenen Lebensunterhalt (die Reproduktion) zu ein und demselben Prozeß, es war dieselbe Arbeit. Heute sind beide fast immer voneinander getrennt: einerseits die Herstellung von Waren für den Markt – die Produktion – in Fabriken und Betrieben; andererseits die vorbereitende Arbeit wie die Versorgung des Körpers, die Ausbildung, die psychische Stabilisierung u. ä. – die Reproduktion – in Familie, Schule, Freizeiteinrichtungen.

Die Aufsplitterung zwischen Produktion und Reproduktion wird nun als eine „natürliche Sache" angesehen. Es erstaunt niemanden, daß vor allem die Männer im Produktionsbereich arbeiten, Frauen dagegen in der Mehrheit im Reproduktionsbereich. Und weil es gerne so dargestellt wird, als ob die Arbeit im Haushalt für Frauen eine biologisch festgelegte Bestimmung sei, daß sie ihre Arbeit allein aus Liebe zu ihrem Mann und ihren Kindern tut, bleibt ganz und gar außer Betracht, inwieweit Frauen mit ihrer Arbeit die kapitalistische Ausbeutung unterstützen.

1. Die Reproduktion der Arbeitskraft

Will ein Betrieb gleichmäßig produzieren, ist er zuallererst auf gesunde, arbeitswillige Arbeitnehmer mit einer guten Ausbildung angewiesen, die für ihren Unterhalt vom Verkauf ihrer Arbeitskraft abhängig sind (Lohnabhängige). Der Frühkapitalismus ging einher mit einem rapiden Verschleiß der Arbeitskräfte. Sie wurden krank oder invalid und starben früh. Dann entdeckten die Unternehmer, auch von der Arbeiterbewegung unter Druck gesetzt, daß es unvorteilhaft ist, Menschen in dieser Form zu verschleißen. Arbeitnehmer mit einer guten Ausbildung, in die der Unternehmer investiert hat, sind nicht mehr so einfach durch andere zu ersetzen. Also ist das Unternehmen daran interessiert, seine Arbeiter bis zur Pensionierung gesund zu erhalten.

„Bist du zufrieden mit deinem Leben? Nun, wie soll ich es sagen, ich glaube, daß ich es bis jetzt ganz gut hingekriegt habe. Solange meine Frau und mein Sohn zufrieden sind, kann ich auch zufrieden sein. Ich glaube also, wenn deine Familie zufrieden ist, kannst du sagen, daß du dich gut geschlagen hast. Sobald dir deine Frau und Kinder Vorwürfe zu machen beginnen, mußt du zu denken anfangen: ‚Ja, ich bin vollkommen gescheitert, ich habe es falsch gemacht.‘ Aber solange sie dich in deiner Arbeit unterstützen und mit dir mitleben und Schwierigkeiten auffangen, kannst du gut sagen: ‚Ich habe mich doch gut geschlagen.‘ Ich glaube, daß jeder arbeitende Mann die Unterstützung seiner Frau sehr nötig hat, wenn die ihn versteht, arbeitet er besser.“
Aus: Bram de Swaan, Ein Butterbrot mit Zufriedenheit.

Zu dieser Aufgabe liefern Frauen den größten Beitrag. Wenn wir es sehr zynisch betrachten, besteht die Arbeit der Hausfrauen vor allem aus der Reproduktion der für das Kapital wichtigsten Ware: die Arbeitskraft. Frauen reproduzieren nicht allein ihre eigene Arbeitskraft, sondern auch die ihrer in Lohnarbeit stehenden Männer sowie der folgenden Generation von Lohnabhängigen. Wir dürfen die Reproduktion der Arbeitskraft jedoch nicht zu mechanisch sehen. Es geht dabei nicht nur um die Versorgung des Körpers, das Kochen und Putzen des Hauses und dergleichen. Es geht auch darum, daß die Hausfrau ihren Mann psychisch auffängt, ihn dazu bringt, bei seiner Arbeit zu bleiben, daß sie eine Art Kompensation für all das bietet, was während seiner Arbeit zu kurz kommt. Auf diese mehr ideologische Seite der Hausfrauenarbeit kommen wir noch zurück.

Wie wichtig die Arbeit der Hausfrauen tatsächlich für den Fortbestand des kapitalistischen Systems ist, wird deutlich, wenn wir uns ihren Beitrag einmal wegdenken.

Stellen wir uns vor, ein arbeitender Mann hat keine Frau, die ihn zu Hause versorgt. Was passiert? Er hat zwei Möglichkeiten. Er kann sich selbst versorgen, sein Essen selbst kochen, seine Kleider selbst flicken und waschen, sein Zimmer sauber halten und sein Bett machen. Es ist klar, daß er in diesem Fall beträchtlich weniger Energie für seine Arbeit freisetzen kann, ganz abgesehen von der Tatsache, daß er davon auch nicht gerade fröhlicher wird. Das ist aber nicht allein zu seinem Nachteil, sondern auch zu dem des Unternehmers, der nun viel weniger Mehrwert aus seiner Arbeit ziehen kann.

Eine andere Alternative wäre, daß er die Fürsorge, die er von der Ehefrau bekommt, auf dem öffentlichen Dienstleistungssektor kauft. Er kann seine Kleider in eine Reinigung bringen, eine Putzfrau für die Reinigung der Wohnung anstellen und in Restaurants essen. In diesem Fall lebt er bedeutend teurer, als wenn seine Frau diese Arbeit gegen Kost und Logis tut. Sein Lohn müßte viel höher sein, um ihn genau so ausgeruht und motiviert für seine Arbeit auszurüsten. Und bei diesen Beispielen haben wir noch nicht über die Versorgung der nachfolgenden Generation gesprochen, die sehr arbeitsintensiv und darum sehr teuer ist.

Häusliche Arbeit liefert einen wichtigen Beitrag zum Wirtschaftsleben, da sie faktisch ein verborgenes Reservoir an Arbeitskraft schafft, das indirekt im Dienst des Kapitalismus steht.

Die Hausarbeit scheint aber unabhängig vom Kapitalismus zu existieren, da der Beitrag, den Hausfrauen liefern, nicht in direkten Lohnverhandlungen mit den Unternehmern gegen Lohn eingetauscht wird. Die Ware, die Hausfrauen produzieren, ist keine von ihnen getrennte Ware, mit der sie auf den Markt gehen können. Wenn ein Mann seine Arbeitskraft zum Kauf anbietet, verkauft er zugleich die Arbeit seiner Frau.

2. Die Hausfrau als ökonomische Reserve

Auch in einer anderen Beziehung können wir erkennen, was für eine wichtige Funktion die verborgene Arbeit von Frauen für den Kapitalismus hat. In Krisenzeiten steigen die Preise schneller als die Löhne. Eigentlich sinkt dadurch das Einkommen. Das geschieht auch, wenn man von der Arbeitslosenunterstützung leben muß. Was ist die Folge? Hausfrauen arbeiten gewöhnlich härter, um dafür zu sorgen, daß die Familie denselben Lebensstandard wie früher beibehält. Sie kauft weniger Fertigprodukte. (In England ist der Verkauf von Fertigprodukten seit der Krise beträchtlich gesunken.) Sie flickt Kleider, anstatt neue zu kaufen, sie ersetzt abgenutzte Apparate nicht so schnell und macht mehr mit der Hand. Sie macht weitere Wege, um in billigeren Geschäften einzukaufen. Auf diese Art und Weise fangen die Hausfrauen die ersten Schläge einer ökonomischen Krise auf. Sie sorgen dafür, daß die Arbeiter nicht so schnell unzufrieden werden, wenn sie weniger verdienen, weil sie – indem sie sich Extraarbeit aufladen – der Tatsache verbergen, daß sich die Lebensbedingungen verschlechtert haben.

Hausfrauen sind nicht allein für die Reproduktion der Arbeitskraft verantwortlich. Teile ihrer Aufgaben werden von Behörden übernommen, wie zum Beispiel Schulunterricht und Gesundheitsfürsorge, die in technischer Hinsicht zu kompliziert sind, um von der einzelnen Hausfrau geleistet zu werden. Wenn während einer ökonomischen Krise in der Gesundheitsfürsorge, in der Ausbildung und im sozialen Sektor gespart werden soll, werden die Folgen zuerst für die Hausfrauen spürbar. Wenn Jugendhäuser geschlossen werden oder ihre Arbeit einschränken müssen, verbringen die Kinder ihre Freizeit zu Hause. Besteht ein Mangel an Lehrkräften für den Unterricht, werden Eltern eingestellt. Das bedeutet in der Praxis vor allem die Beteiligung von Müttern. Müssen die Krankenhäuser infolge von Sparmaßnahmen effizienter arbeiten und Patienten eher nach Hause entlassen, übernehmen die Frauen zu Hause die Versorgung.

Wir sehen, daß ehrenamtliche Tätigkeiten gefördert werden, wenn es mit der Wirtschaft bergab geht und selbstverständlich sind es gerade Hausfrauen, die dazu aufgefordert werden. Sie tun es auch aus dem Bedürfnis heraus, ihre vier Wände zu verlassen. Abgesehen von dem positiven Wert, daß es Menschen gibt, die für andere Menschen sorgen wollen, ohne dafür materiell belohnt zu werden, hat die ehrenamtliche Arbeit auch ihre schlechten Seiten. Wenn Hausfrauen als Freiwillige eingesetzt werden, können die Lohnforderungen der Lohnabhängigen heruntergeschraubt werden; außerdem führt die freiwillige Arbeit dazu, daß verschiedene öffentliche Aufgaben, die das Kapital nicht finanzieren will, noch schwerer erzwungen werden können. So wurde vor einiger Zeit vorgeschlagen, sogenannte „pink ladies“ als Freiwillige in Krankenhäusern einzusetzen. Sie sollten die einfachen Aufgaben der Schwestern übernehmen, für die diese keine Zeit hatten: Früchte schälen, Blumen ins Wasser stellen, sich ein bißchen mit den Patienten unterhalten. Anstatt mehr Geld für Personalkosten zur Verfügung zu stellen, damit auch die Arbeit der Krankenschwestern ein wenig menschlicher werden könnte als es die Verteilung von Injektionen am laufenden Band ist, wollte man die Arbeit aufteilen und einen Teil davon ohne Bezahlung von Hausfrauen ausführen lassen.

Dies ist aber nur ein Beispiel dafür, wie das Kapital Hausfrauen ausbeuten kann. Immer wird die Sorge für das Wohlergehen und die Beseitigung der Schäden, die die Menschen im Arbeitsprozeß erleiden, auf die Betroffenen selbst abgeschoben.

Solange Frauen isoliert voneinander arbeiten, merken sie nicht, daß sie ausgebeutet werden. Vereinzelte Frauen merken nicht, daß sie zum Beispiel für die Sparmaßnahme auf dem Gesundheitssektor herhalten, solange sie, jede für sich und getrennt voneinander, zu Hause Patienten versorgen.

Wenn dem Kapital zusätzliche Maßnahmen für eine öffentliche Versorgung jetzt nicht abgerungen werden können, werden sie erst dann zustande kommen, wenn das Kapital ein so starkes Bedürfnis nach weiblichen Arbeitskräften hat, daß es nicht umhin kann, für Erleichterungen der Hausfrauenarbeit zu sorgen. So gibt es in der DDR, wo der Prozentsatz der Frauen, die einen Arbeitsplatz haben, viel höher ist als z. B.in den Niederlanden, für je tausend Menschen elf Krankenhausbetten, während es in den Niederlanden gerade fünf sind. Wenn alle Frauen gegen Lohn arbeiten würden, müßten auch hier Krankenhausbetten für Kranke mit Masern und Grippe zur Verfügung stehen.

Zu welchen Maßnahmen das Kapital greift, um die Kosten

auf dem Reproduktionssektor so niedrig wie möglich zu halten, zeigt ein Beispiel aus London, wo unter dem Druck von Sparmaßnahmen zwei Bezirksentbindungskliniken schließen mußten. Die größten Krankenhäuser mußten effizienter arbeiten, um den zusätzlichen Strom von Patienten aufzunehmen. Was geschah also? Auch in englischen Krankenhäusern übernahm man in zunehmenden Maße die amerikanische Methode der künstlichen Geburtseinleitung, damit die Geburt tagsüber zwischen neun und fünf Uhr stattfindet und so beim Nachtpersonal gespart werden kann. Gegen diese Maßnahme konnte nur durch die Aktionen von Frauen aus der Nachbarschaft der Entbindungskliniken, des Pflegepersonales und von Frauen aus der Frauenbewegung angekämpft werden.

Auf vielerlei Arten nimmt das kapitalistische System Einfluß auf unser ganzes häusliches Leben und damit auf die Arbeit der Hausfrauen. Direkt durch den Lohn, den die Männer mit nach Hause bringen und durch den Zwang, die Abnutzungserscheinungen in der Familie wieder zu beseitigen. Indirekt dadurch, daß so wenig wie möglich in den Reproduktionssektor investiert wird. Dieser wird als der Bereich staatlicher Aufgaben abgesehen, und der Staat muß zusehen, wie weit er mit den Steuergeldern kommt. Aber solange er immer wieder zuerst auf solchen Gebieten zu sparen beginnt, wo als Ersatz Hausfrauenarbeit zur Verfügung steht, bleibt es eine Illusion, daß Hausfrauen in ihrem eigenen Haus vom kapitalistischen System unabhängig sind. Und damit ist auch die behauptete Trennung zwischen Politik und „Privatleben“ eine Illusion.

3. Die Organisation des Haushaltes und die Konsumtion

Häusliche Arbeit liefert den Unternehmern zwar einen ökonomischen Vorteil (sie können mehr Mehrwert aus den Lohnabhängigen pressen), doch aus der Arbeit von Hausfrauen selbst können sie keinen Gewinn ziehen. Das hat viele Konsequenzen für die Art und Weise der Haushaltsorganisation.

Ein Lohnarbeiter verkauft seine Arbeitskraft stundenweise. Der Unternehmer hat ein Interesse daran, die Produktion pro Stunde immer mehr zu steigern, da das direkt seinen Gewinn erhöht. Deshalb werden große Summen in neue Arbeitsmethoden investiert, in Automatisierung, Spezialisierung und die Verfeinerung der Arbeitsteilung, damit keine Energie verlorengeht.

Da Hausfrauen ihre Arbeitskraft nicht pro Stunde verkaufen und kein direkter Gewinn aus ihrer Arbeit gezogen werden kann, ist es für die Unternehmer nicht von Interesse, wie lange sie an ihrer Arbeit sitzen und wie ineffizient sie arbeiten; Hauptsache, sie machen die Arbeit. Daß Hausfrauen nicht zusammenarbeiten, ist sogar im Interesse der Wirtschaft, denn es hat zur Folge, daß viel mehr Geld für Haushaltsgeräte und individuelle Freizeitgestaltung und dergleichen ausgegeben wird. Wir leben zudem in der widersprüchlichen Situation, daß wir von den letzten technischen Neuheiten umringt werden, daß Millionen für Forschungsprojekte ausgegeben werden, daß wir schon imstande sind, auf dem Mond zu landen, aber daß dasselbe kapitalistische System, das uns diese technischen Wunder bietet, gleichzeitig versucht, die Haushaltsorganisation so altmodisch und ineffizient wie möglich zu halten, damit wir auch in Zukunft für den individuellen Konsum kaufen. Mehr effiziente Alternativen für Hausarbeit, wie Krippen, billige Eßmöglichkeiten, billige Wäschereien und dergleichen, sind nicht rentabel und vermindern den individuellen Konsum. Darum ist es auch logisch, daß wir solche Einrichtungen erst in dem Moment bekommen, in dem die Unternehmer die weiblichen Arbeitskräfte so dringend brauchen, daß sie die Löhne indirekt durch zusätzliche Gemeinschaftseinrichtungen erhöhen. Damit kommen wir zur anderen Seite der Unterdrückung von Frauen im Kapitalismus, einer Seite, die eng mit der Position von Frauen im Haushalt zusammenhängt: der Stellung der Frauen in Lohnarbeit.

V. Frauen in Lohnarbeit

In den vorhergehenden Kapiteln haben wir, um die Diskussion zu erleichtern, so getan, als ob Frauen nur Hausfrauen seien. Tatsächlich stehen jedoch 30% aller niederländischen Frauen in einem Arbeitsverhältnis. In der Gruppe der Frauen, die älter als 21 Jahre sind, beträgt der Anteil 20%. Die meisten Frauen in dieser Gruppe sind verheiratet und die Anzahl verheirateter Frauen, die einen Arbeitsplatz haben oder haben möchten, steigt jetzt wieder, nachdem sie jahrelang konstant geblieben ist. Daß Frauen im Arbeitsprozeß diskriminiert werden, spricht sich allmählich herum. Weniger bekannt ist, daß die Benachteiligung der Frauen in der Produktion eng damit zusammenhängt, daß sie in erster Linie Hausfrauen sind.

1. Der Teufelskreis

Beginnen wir mit dem klassischen Teufelskreis. Da Frauen in einem Arbeitsverhältnis diskriminiert werden und selten einen Lohn erreichen, mit dem sie selbständig auskommen können, ist es für sie ein Ausweg, in die Ehe zu flüchten, die sie als eine Art „Lebensversicherung" ansehen. Und weil sie ihre Zukunft mehr in der Ehe als in ihrem Arbeitsplatz sehen, organisieren sie sich nicht oder kaum und machen es so den Unternehmern leicht, nichts an den Arbeitsverhältnissen zu verbessern. Die Tatsache, daß die meisten Frauen doch heiraten werden, hat auch Folgen für Unverheiratete; man hält ihren Lohn niedrig (sie braucht ja keine Familie davon zu unterhalten) und behindert ihren Aufstieg (sie wird ja doch noch heiraten).

Solange die Frauen sich selbst in erster Linie als zukünftige Hausfrauen sehen, bleiben sie an ihrem Arbeitsplatz in einer schwachen Position. Wenn sie wegen der kleinen Kinder aufhören zu arbeiten, sind sie oft in einem Alter, in dem für Männer der berufliche Aufstieg beginnt. Junge Mädchen sind sich ziemlich einig in der Hoffnung, daß sie „befördert" werden, indem sie den richtigen Mann treffen, und kämpfen deshalb nicht weiter für bessere Arbeitsbedingungen. Und für einige junge Frauen ist die Motivation, eine gute Berufsausbildung zu durchlaufen, die Angst, daß sie diesem Herrn wohl niemals begegnen werden.

Da Frauen in erster Linie Hausfrauen sind, sind sie bei der Arbeit mehr gehandicapt als Männer. Wenn die Kinder krank sind, ist sie die erste, die nicht zur Arbeit gehen kann. Solange sie meint, daß sie das Essen kochen muß, kann sie nur eine Arbeit in der Nähe der Wohnung annehmen. Da eine Arbeitsstelle neben dem Haushalt eine schwere Belastung ist, suchen die meisten Frauen Teilzeitarbeit. Aber gerade Teilzeitarbeitskräfte werden am ehesten entlassen, da sie durch Tarifverträge nicht abgesichert sind, nicht im Betriebsrat vertreten sind und sich mit schlechten sozialen Leistungen begnügen müssen.

2. Frauenberufe

Frauen werden häufig in Berufen beschäftigt, die eine Fortsetzung ihrer Aufgaben im Haushalt darstellen. Tatsächlich können wir von einem gesonderten Arbeitsmarkt für Frauen sprechen. Meist handelt es sich um monotone Arbeiten, in denen Frauen – dank ihrem Training im schweigenden Ausführen der tagtäglich sich wiederholenden Handgriffe – am geschicktesten sind. In der Industrie ist das vor allem das Verpacken, das Montieren kleiner Zubehörteile am Fließband oder das Steppen von immer wieder denselben Nähten in einer Näherei.

Im Dienstleistungssektor sind sie vor allem Putzfrauen und Kellnerinnen. In den Büros wird fast die ganze Tipparbeit von Frauen geleistet. Auch das Verkaufspersonal besteht vornehmlich aus Frauen, mit Ausnahme der sehr eleganten Läden und denen des kleinen Mittelstandes. Auch in der Krankenpflege und in Kindergärten arbeiten hauptsächlich Frauen. Vor allem also in Berufen rund um „das gute Herz und den schönen Körper". In vielen Berufen verkaufen Frauen nicht allein ihre Geschicklichkeit, sondern auch ihren „weiblichen Charme". Sekretärinnen, Verkäuferinnen und Empfangsdamen haben charmant und *attraktiv* auszusehen und ewig zu lächeln. Ihre Aufgabe ist es, nicht nur zu tippen und zu verkaufen, sondern auch die Leute um sie herum aufzumuntern und ihren Chefs und Kunden durch untertänigen Charme das Gefühl zu geben, daß sie ganz tolle Leute sind. Daneben wird von ihnen erwartet, daß sie automatisch die „natürlichen" weiblichen Aufgaben ausführen, die von ihnen auch zu Hause verlangt werden: Kaffee kochen, Blumen gießen und dergleichen.

„In einem Schreibbüro sitzen meistens nur Mädchen. Aber man kann meiner Meinung nach unmöglich einen Mann vor eine Schreibmaschine setzen. Ich glaube nicht, daß das einen Mann sehr interessiert. Ein Mann sollte das wohl können, aber welche Zukunft hat er als ‚Tipper'? Es liegt überhaupt keine Zukunft darin, auf so einer Maschine zu rattern. Ein Mann muß doch sehen, daß er vorwärts kommt."

„Von jeher wird die Frau schlechter entlohnt als der Mann, obwohl beide oft die gleiche Arbeit machen. Das ist nun mal so, da ist nichts dran zu ändern. Das ist schon gut, daß Frauen und Männer gleichberechtigt sein sollen, aber das kommt doch nie, bestimmt nicht. Eine Frau soll einerseits eine Frau sein. Wenn sie nun arbeitet, ist das gut und wenn sie's sich leisten kann, ist das auch schön. Aber man soll natürlich nicht den Männern die Arbeit abnehmen, das halte ich nicht für nötig. Laß die Männer mal ihre eigene Arbeit tun, denn wenn Frauen Männerarbeit verrichten, dann gibt das Arbeitslosigkeit unter den Männern. Ich glaube, wenn eine Frau mehr verdienen wird als ein Mann, dann wird sie im gegebenen Augenblick doch dem Mann sagen: ‚Was willst du denn, ich verdien' mehr als du!' Und das find ich nicht schön. Ich freue mich, daß Männer mehr verdienen sollten als Frauen. Das gehört sich so."

„Ich meine das so: Wenn ich verheiratet bin und Kinder habe und die sind etwa sechs Jahre alt, dann will ich wohl wieder arbeiten gehen, aber wieviele Frauen wollen das nicht. Und dann will ich absolut nicht behaupten, daß man den ganzen Tag arbeiten gehen muß. Die Kinder müssen ein Zuhause und Liebe haben. Die dürfen daheim keine verdrießliche Mutter vorfinden."
Interwiews mit Frauen, aus: Bram de Swaan, Ein Butterbrot mit Zufriedenheit

---

Trotz des neuen Gesetzes über die gleiche Lohnauszahlung wird es noch lange dauern, bis Frauen wirklich für gleichwertige Arbeit die gleiche Bezahlung wie Männer bekommen. Zunächst einmal wird kaum von „gleichwertiger Arbeit" gesprochen. Frauen sind vornehmlich als angelernte Arbeitskräfte in schwachen Wirtschaftszweigen tätig. Sie erledigen Aufgaben, die zu tun Männer sich weigern und die darum nicht mit Männerarbeit zu vergleichen sind. Diese Arbeitsverteilung ist auch eine Folge der Normen, nach denen Arbeit beurteilt wird. Männer bekommen vor allem Arbeiten, bei denen „Verantwortung" eine Rolle spielt oder Arbeiten, die als schwerer erachtet werden. Einer Frau, die Bonbons verpackt und dabei einmal nicht aufpaßt, fällt höchstens mal eine Dose mit Bonbons auf den Boden. Einem Mann, der in einer Zwiebackfabrik auf irgendeinen Zeiger starren muß und mal nicht aufpaßt, verbrennen dagegen gleich Tausende von Zwiebäcken. Diese Arbeit ist verantwortungsvoller, wird also besser bezahlt und an Männer vergeben, obwohl das Beobachten eines Zeigers nicht schwerer als das Verpacken ist. Für harte Arbeit am Hochofen oder auf dem Bau werden höhere Löhne gezahlt als für die harte Arbeit am Fließband, denn dafür braucht man nicht „stark" zu sein. Und doch verschleißt man sich dort ebenso schnell. Facharbeiter werden besser bezahlt als angelernte Kräfte. Nun es ist aber so, daß Mädchen zu Hause schon vieles lernen, wie saubermachen, organisieren, exakte Handarbeiten. Sie lernen außerdem, bescheiden zu sein und Aufträge brav auszuführen. Da Mädchen diese Fähigkeiten von ihren Müttern lernen, scheint es, als ob es sich um natürliche Eigenschaften von Frauen handelt, und nicht um gelernte. Jungen lernen zu Hause viel weniger. Weil eine Karriere für sie wichtiger erscheint, erhalten sie häufiger eine Ausbildung. Was „ungelernte" Arbeit der Mädchen genannt wird, ist meist nicht so „ungelernt"– nur haben sie sich ihre „gelernten" Fähigkeiten zu Hause angeeignet. Die spezifische Erziehung der Mädchen wird so zur Grundlage der späteren Unterbezahlung.

Saubermachen ist eine der Fertigkeiten, die alle Frauen lernen, Männer nicht. Darum sind Putzfrauen immer ersetzbar und können so schlecht bezahlt werden.

Gerade weil Frauen in erster Linie Hausfrauen sind, stehen sie dem Kapitalismus als billige Arbeitskräfte zur Verfügung.

Verheiratete Frauen nehmen dabei ungefähr dieselbe Position ein wie Gastarbeiter. Aber in dem Maße, in dem Gastarbeiter höhere Ansprüche an ihre Wohnbedingungen, die sozialen Einrichtungen und dergleichen stellen, werden die verheirateten Frauen als leicht ausbeutbare Gruppe noch interessanter für das Kapital.

Wenn Arbeitslosigkeit herrscht, so wie heute, müssen die Frauen das als erste ausbaden. Sie können leichter entlassen werden, weil sie leichter ersetzt werden können.

Die Dunkelziffer arbeitsloser Frauen ist groß: Viele Frauen lassen sich nicht mehr beim Arbeitsamt registrieren, da sie doch wenig Hoffnung auf eine Stelle haben. Die Nachfrage nach Teilzeitarbeit ist ungefähr sechzigmal so groß wie der Bedarf der Wirtschaft, und es gibt noch viel mehr Frauen, die arbeiten würden, wenn die Bedingungen besser wären: Wenn sie jemanden hätten, der auf die Kinder aufpaßt oder wenn sie eine Arbeit in der Nähe der Wohnung finden könnten.

3. Flexible Arbeitsreserve

Die Wirtschaft hat ein Interesse an einem Überschuß an Arbeitskräften. Ist in einem bestimmten Wirtschaftszweig die Nachfrage größer als das Angebot von Arbeitskräften, so haben diese Arbeiter die Möglichkeit, höheren Lohn zu fordern. Anderseits ist ein Überangebot an Arbeitskräften auch von Schaden, denn Arbeitslosigkeit erhöht die Ausgaben für Sozialleistungen und fördert Unruhen. Die Unternehmer haben also ein Interesse an einer flexiblen Arbeitsreserve, und diese Funktion erfüllen die Frauen: Sie sind auf dem Arbeitsmarkt verfügbar, können mit einem Minimum an Kosten bei Bedarf eingestellt und wieder entlassen werden.

Ein besonderes Problem ist die Arbeitssuche für ältere Frauen, die nach einer Pause von mehreren Jahren wieder versuchen, eine Stelle zu bekommen. In den Niederlanden wird es schon fast zur Regel, daß die Frauen so lange arbeiten, bis sie ihre Kinder bekommen und dann planen, daß sie später, wenn die Kinder älter oder aus dem Hause sind, wieder berufstätig werden. Das ist dann aber meist nicht so einfach. Ältere Frauen werden nicht eingestellt, wenn für dieselbe Arbeit auch jüngere zu haben sind. Erfahrung zählt bei ungelernter Arbeit kaum und noch weniger, wenn diese Erfahrung jahrelang nicht im Arbeitsprozeß genutzt wurde. Aber auch vor Jahren erworbene Zeugnisse für gelernte Arbeit können in der Zwischenzeit überholt sein. Daher landen ältere Frauen, wenn sie überhaupt Arbeit bekommen, in den unattraktivsten Berufen, die meist ihrer Arbeit im Haushalt gleichen. „Nicht ausgelastet“ wandelt sich dann schnell in „Überbelastung“. In einer neueren Untersuchung über die Ursachen, weshalb verheiratete Frauen für arbeitsuntauglich erklärt werden, stand Überarbeitung an erster Stelle. Die Arbeit außer Haus (als Krankenschwester, in der Kantine, als Verkäuferin, Näherin, Packerin, Arbeiterin in der Wäscherei) ähnelt so sehr der Tätigkeit zu Hause, daß es sich faktisch um eine Aufgabenverdoppelung handelt, ohne daß es zu einem Wechsel in der Beschäftigung kommt.

4. Doppelbelastung

Selbst die Gewerkschaften kümmern sich wenig um die Doppelbelastung arbeitender Frauen. Das zeigte sich z. B. beim USFA-Streik. Die Frauen besetzten den Betrieb, weil Philips drohte, die Produktionsabteilung von Helmond nach Eindhoven zu verlegen. Die betroffenen Frauen hätten dann nicht mehr rechtzeitig zu Hause sein können, um das Essen zu kochen. Die Gewerkschaftsfunktionäre waren nicht erfreut, als sich zum ersten Male Frauen gegen diese doppelte Belastung erhoben und erschienen erst gar nicht. Sie behaupteten, daß für Frauen keine Ausnahmen gemacht werden könnten, solange auch die Männer eine halbe Stunde hin und zurück zu ihrem Arbeitsplatz fahren müssen.

Dabei wurde vollkommen übersehen, daß diese Frauen nicht einen Ausnahmestatus verlangen, sondern daß sie sich schon darin befinden. Die Gewerkschaften begrenzen ihre eigenen Aufgaben streng auf das, was sich innerhalb des Produktionsbereiches abspielt. Für die Frauen ist das nur die halbe Wirklichkeit: Ihre Position wird eben gerade durch das Zusammenwirken von Reproduktion und Produktion bestimmt. Um dafür zu sorgen, daß sich die Gewerkschaftsaktivitäten den Interessen der arbeitenden Frauen anschließen, müssen sich die Gewerkschaften für einen klaren Ansatz entscheiden: Entweder, sie gehen davon aus, daß Frauen – da sie eine doppelte Aufgabe erfüllen müssen – Ausnahmeregelungen verlangen können oder sie fordern und sorgen dafür, daß Frauen keine Ausnahmesituation mehr haben.

Die Wirtschaft weiß schon lange, daß berufstätige Frauen doppelt belastet sind. In Zeiten, in denen die Arbeitskraft der Frauen benötigt wird, sorgen die Unternehmer dafür, daß die Lohnarbeit attraktiv gestaltet wird. In der Textilindustrie, die mit der Arbeitskraft der Frauen steht und fällt, wurden die Mädchen in den sechziger Jahren mit Bussen zum Arbeitsplatz gebracht. Als noch mehr Frauen benötigt wurden, wandte man sich an die Verheirateten. Es wurden Betriebskindergärten eingerichtet, spezielle Arbeitszeiten festgesetzt, die auf die Schulstunden der Kinder abgestimmt waren, und es wurden besondere Ferienregelungen getroffen. Man sorgte sogar dafür, daß in der Frühstückspause ein „rollender Supermarkt“ auf das Firmengelände fuhr, damit die Frauen ihre Einkäufe leicht erledigen konnten. Selbstverständlich wurden diese Maßnahmen gestrichen, als die Textilindustrie in die Krise kam, ganz nach der gängigen Methode: Lockmittel verschwinden, wenn das Angebot weiblicher Arbeitskräfte groß genug ist.

Wenn sogar die Unternehmer wissen, daß berufstätige Hausfrauen doppelt belastet sind, sollten das unsere Gewerkschaften ganz bestimmt auch wissen.

VI. Die Familie

Die Familie ist der Ort, wo die Unterschiede zwischen Männern und Frauen (Mann = Ernährer, Frau = Hausfrau) deutlich werden. In dem Kapitel über das Patriarchat haben wir schon etwas gesagt über die Entstehungsgeschichte der heutigen Familie, die nicht mehr die große Produktionseinheit ist, in der die Familienangehörigen gemeinsam für ihren eigenen Unterhalt arbeiten, und die auch nicht mehr der Ort ist, wo verschiedene Generationen zusammenleben.

Die moderne Kernfamilie hat eine andere Funktion als früher, sie stellt (als Ideal) einen Ort dar, an dem Kinder aufgezogen werden, an dem die Familienangehörigen versorgt werden, Wärme, Sicherheit und Kontakt finden, die sie außerhalb des Familienverbandes nicht bekommen. Aber neben dem Idealbild eines warmen sicheren Ortes weit weg von der bösen, harten Gesellschaft gibt es auch die Realität von der unterdrückten Hausfrau, der es obliegt, dieses Ideal auf Kosten ihrer eigenen Entfaltungsmöglichkeiten zu verwirklichen.

Es ist ganz und gar nicht gesagt, daß die Kernfamilie mit der Hausfrau als Mittelpunkt die einzige Form ist, in der wir unsere Bedürfnisse befriedigen können. Um ein deutlicheres Bild zu erhalten, warum die Familie doch noch immer die vorherrschende Form des Zusammenlebens in dieser Gesellschaft ist, müssen wir den Interessen nachgehen, die bei ihrer Aufrechterhaltung eine Rolle spielen.

1. Familie und Kapitalismus

Die vorherigen Kapitel haben schon gezeigt, welche Interessen die Wirtschaft an der Aufrechterhaltung der jetzigen Familienstruktur hat. In diesem Kapitel wollen wir sie noch einmal zusammenfassen:

a. Erstens ist die Familie am besten geeignet, die Arbeitskraft der Lohnabhängigen zu reproduzieren. In der Familie muß wiederhergestellt werden, was im Arbeitsprozeß zerstört wurde und zwar mit den für das Wirtschaftssystem geringsten Kosten.

b. Zweitens haben die Hausfrauen eine wichtige Funktion in ökonomischen Krisenzeiten: durch die Mehrarbeit, die sie dann im Haushalt oder außer Haus leisten, können die Löhne länger niedrig gehalten werden, ohne daß sich die Arbeiter sofort dagegen wehren. Mit der Hilfe der Frauen kann im sozialen Sektor gespart werden, ohne daß es die Betroffenen sofort spüren.

c. Ein dritter wichtiger Faktor ist die Ausdehnung des Absatzmarktes. Um die Produktion immer weiter zu steigern, muß der Markt ständig vergrößert werden. Zum Teil geschieht dies durch die Ausnutzung der Dritten Welt als Absatzmarkt, zum Teil geschieht dies durch die Herstellung von Produkten, die eine hohe Verschleißquote haben (z. B. Glühlampen, die nur eine begrenzte Brenndauer haben, obwohl es schon lange möglich ist, Glühlampen herzustellen, die länger brennen; oder Waschmaschinen, die nach einer bestimmten Zeit zu rosten anfangen). Die Familie erfüllt eine wichtige Rolle für den massenhaften Absatz immer neuer Produkte. Jede Familie besitzt einen eigenen Staubsauger, die eigene Waschmaschine, das eigene Fondue-Set, die eigene elektrische Kaffeemühle. Das ist eine Verschwendung, die alleine den Unternehmern zugute kommt.

Durch die Aufteilung der Menschen in kleine Einheiten

haben wir auch gelernt, unsere Bedürfnisse als individuelle und nicht als kollektive zu begreifen. Die Werbung spielt hier geschickt mit, indem sie die Rivalität zwischen den Familien fördert; ein neueres Auto als die Nachbarn, eine bessere Couchgarnitur, eine größere Waschmaschine. Sind wir als Hausfrau mit unserer Arbeit unzufrieden, dann denken wir nicht in erster Linie an Möglichkeiten, mit den Nachbarsfrauen zusammenzuarbeiten, dann denken wir zuerst an neue Apparate, um uns die Arbeit zu erleichtern. Die Unternehmer versuchen durch die Manipulation unserer Bedürfnisse, unseren Konsum immer mehr zu erhöhen. Daß die Familien isoliert voneinander in ihren eigenen vier Wänden leben, erweist sich dabei als eine große Hilfe.

d. In der Familie findet auch die erste Erziehung statt, die uns tauglich machen soll, um später als Familienernährer und Hausfrauen zu leben. Wir lernen, uns mit den Belangen der Familienmitglieder zu identifizieren und nicht mit denen unserer Mitmenschen. Arbeiter, die zunächst bereit wären, bei einem Streik die Arbeit niederzulegen, tun es nicht, weil sie eine Familie ernähren müssen. Frauen, die sich schon lange gegen ihre Unterdrückung wehren wollten, tun es nicht, weil sie ihre Kinder nicht im Stich lassen können. Und in der Familie lernen die Mädchen die Ideologie von Aufopferung: anderen zu Diensten stehen und ihre Ehre darein zu setzen, sich selbst zu unterwerfen.

e. In dem Kapitel über Frauen in Lohnarbeit haben wir gesehen, daß Frauenarbeit vor allem deshalb so billig ist, weil Frauen an erster Stelle Hausfrauen sind. Die ihre Lohnarbeit als „Zuverdienen“ oder „Job“ betrachten, organisieren sich selten, um ihre Arbeitsverhältnisse zu verbessern. Weil sie ihren Arbeitsplatz nicht als eine eigentliche Bestimmung ansehen, lassen sie sich in spezifische Frauenberufe drängen, die Männer meiden: ungelernte Arbeit, monotone Fließbandarbeit ohne Aufstiegschancen.

Es gibt ganze Wirtschaftszweige, die von der ungelernten und gering bezahlten Arbeit von Frauen leben: z. B. die Konfektion. In einigen Fällen sind Frauen billiger als Maschinen, wie beim Packen, und so sehen wir neben modernen Betrieben, die mit den neuesten technischen Mitteln und hochgeschulten Arbeitern ausgerüstet sind, auch primitive kleine Betriebe, die sich noch immer halten können, weil Frauenarbeit so billig ist (genauso wie die Arbeit von Lehrlingen und Gastarbeitern).

2. Widersprüchliche Interessen der Unternehmer

Solange noch ein Teil der Unternehmen von der billigen Arbeitskraft von Frauen lebt, gibt es widersprüchliche Interessen bei den Unternehmern. Die einen haben Bedarf an Frauen als Arbeitskräfte, die anderen sind daran interessiert, daß die Frauen als Hausfrauen gegen Kost und Logis für die Reproduktion der Arbeitskraft ihrer Männer sorgen.

Diese unterschiedlichen Interessen können leicht zu Konflikten führen, da die Frauen nicht unbeschränkt ausgebeutet werden können. Wenn die Arbeit im Haushalt und auch die Lohnarbeit zunimmt und die Doppelbelastung zu groß wird, können die Frauen beide Arbeiten nicht mehr zufriedenstellend erfüllen. Die Überlastung kann zu Krankheit oder auch zur Rebellion führen. Erkrankungen, physische und psychische Beschwerden nehmen bei allen Lohnabhängigen, besonders aber bei berufstätigen Hausfrauen immer mehr zu. Gerade berufstätige Frauen, die eine Arbeit verrichten, die eine Fortsetzung ihrer Hausarbeit darstellt, wie Saubermachen, Servieren, auf Kinder aufpassen, sind am stärksten belastet. Eine doppeltbelastete Frau erreicht nur selten das Rentenalter an ihrem Arbeitsplatz. Damit ist sie vergleichbar mit Männern, die Schwerstarbeit verrichten.

Deshalb fordern verschiedene Organisationen in Holland, das Rentenalter für Frauen auf 60 Jahre herabzusetzen. Obwohl das für einige Frauen eine Lösung wäre, verändert es an der doppelten Belastung von berufstätigen Frauen prinzipiell nichts.

Die Wirtschaft versucht sich auf die doppelte Belastung von Frauen einzustellen, indem sie z. B. „zeitsparende" Fix-und-fertig-Mahlzeiten auf den Markt bringt. Hier und da ist sie sogar gezwungen, Krippen einzurichten und günstige Arbeitszeiten einzuführen, damit genügend Hausfrauen bereit sind, in Betrieben zu arbeiten. Aber es ist offensichtlich, daß die Unternehmer versuchen, einen Ausgleich für die doppelte Belastung in individueller und nicht in kollektiver Form den Frauen zu gewähren. Fazit: Innerhalb des kapitalistischen Systems besteht eine Spannung zwischen den gegensätzlichen Interessen der Unternehmer: Einerseits eine Tendenz, Frauen soweit wie möglich als billige Arbeitskräfte auszubeuten, und andererseits eine Tendenz, Hausfrauen den Löwenanteil an der Reproduktion von Arbeitskraft in der Familie leisten zu lassen. Für die Frauenbewegung ist es wichtig, diese Widersprüche zu erkennen, weil sie den Ausgangspunkt für die Entwicklung unserer Strategie bieten.

3. Familie und Patriarchat

Nicht allein die Unternehmer profitieren von der Familie und von der Arbeit der Hausfrauen. Auch Männer haben ein Interesse an der Aufrechterhaltung der Familie, auch wenn die Familie noch immer so dargestellt wird, als sei sie eine Einrichtung zur „Beschirmung des schwachen Geschlechts" durch die Männer. In der Familie herrschen meist patriarchale Verhältnisse, die Herrschaft des Mannes über die Frau.

Für einen Mann ist die Familie der Ort, an dem er sich

versorgen lassen kann. Er hat das Geld verdient, zumindest scheint es so, und er hat gelernt, daß das Heimbringen der Lohntüte ihm ein Recht auf Versorgung verschafft. Faktisch erlebt man im Hause eine Art Parodie der Beziehung Arbeitgeber-Arbeitnehmer. Zu Hause ist der Mann der Boß.

„Wenn ich ihm sage, sprich doch mal etwas netter mit mir, dann sagt er, ich laufe doch nicht einer Straßenbahn nach, in der ich schon sitze."
(Gespräch mit einer Hausfrau)

„Wenn er einen Scheißtag auf der Arbeit gehabt hat, dann meckert er, wenn er nach Hause kommt. Dann höre ich ihm zu, und dann kriegt er sein Schnäpschen und sein Essen, und dann ist alles wieder in Ordnung. Aber wenn ich einen Scheißtag hatte, wer ist dann für mich da? Wenn ich bei ihm meckere, dann sagt er, Mensch, stell' dich nicht so an – du hast doch alles, was du willst, sorge ich denn nicht gut für dich?"
(Gespräch mit einer Hausfrau)

„Als Arbeitsloser fühlt sich ein Mann von der Gesellschaft ausgeschlossen. Darum ist es wichtig, daß zumindest seine eigene Frau ihm zu erkennen gibt, daß er bedeutend ist... Übernehmen Sie ruhig die Initiative (auf dem sexuellen Gebiet). Aber vergessen Sie nicht, ihm zu erzählen, daß er der beste Liebhaber der Welt ist."
(Aus einer Illustrierten)

Es schickt sich für die Frau, dafür zu sorgen, daß er sich ausruht, schmackhaft ißt, daß seine Wohnumgebung schön und gemütlich ist. Und es ist besonders wichtig, daß sie attraktiv aussieht. Die Männer haben nicht allein materielle Vorteile von der Familie. Auch die psychische Unterstützung des Mannes gehört zu den Aufgaben einer Hausfrau. Am Arbeitsplatz werden die Männer wie Kinder behandelt: Sie müssen Arbeiten ausführen, deren Sinn sie häufig nicht sehen. Als Lohnabhängige können die meisten Männer wenig Ruhm und Ehre erwerben; in ihrer Rolle als Ehemann soll dieses Defizit ausgeglichen werden. Die Hausfrau muß dafür sorgen, daß sein während der Arbeit gebeuteltes Ego wieder aufgerichtet wird.

Sie muß sich seine Probleme anhören, ihm das Gefühl geben, ein „richtiger Mann" zu sein und ihn darin bestärken, daß er zu Hause die Entscheidungen trifft. Mädchen lernen früh, dieses Spiel mitzuspielen. Sie bekommen von ihren Müttern zu hören: „Männer sind wie Kinder. Du mußt ihnen ihren Willen lassen, dann erreichst du viel mehr." Frauen, die diese Spielchen nicht mitspielen, werden dann schnell als Drachen bezeichnet. Witzblätter sind voll mit Bildern von Hausdrachen.

Selbstverständlich sind die Machtverhältnisse nicht allein ideologischer Art. In der Regel ist es der Mann, der über das Geld entscheidet. Und Frauen wissen sehr gut – wenn auch nicht immer aus eigener Erfahrung –, wie es ist, mit ein paar Kindern allein dazustehen, mit Alimenten oder Sozialhilfe zurechtzukommen, wenn der Mann zur Nachbarsfrau zieht, weil die ihn angeblich besser versorgen kann. Die Rollenverteilung zwischen Männern und Frauen, die patriarchalen Verhältnisse wirken sich auf alle Bereiche unseres Lebens und Denkens aus. In Kapitel VII kommen wir darauf zurück.

4. Maßnahmen, die die Hausarbeit ersetzen

Solange die Wirtschaft und die Männer ein so großes Interesse an der Aufrechterhaltung der Familie haben, wird es nicht leicht sein, innerhalb der bestehenden Verhältnisse die Arbeit von Hausfrauen zu ersetzen. Eine erste Bedingung dafür ist, daß die Isolation der Kleinfamilie durchbrochen wird zugunsten einer Zusammenarbeit der Familien untereinander, die ein Ende macht mit der Verschwendung unserer Energie. Um das zu erreichen, müssen Gemeinschaftseinrichtungen geschaffen werden. Wir wissen, daß wir solche Institutionen nicht von den Unternehmern geschenkt bekommen, es sei denn, sie benötigen unsere Arbeitskraft im Produktionsprozeß so sehr, daß ihnen keine andere Wahl bleibt. Zum anderen sind Männer im allgemeinen wenig motiviert, ihren Beitrag für eine bessere Verteilung der Haushaltsaufgaben zu leisten. Selbst wenn beide, Mann und Frau, voll berufstätig sind, muß meistens ein aufreibender Kampf geführt werden, um die Männer dazu zu bewegen, beim Abwasch zu helfen (als ob es nicht auch seine schmutzigen Teller wären). Solange die Männer die Verantwortung für den Haushalt ganz selbstverständlich auf die Frauen abschieben, haben wir von ihnen wenig Unterstützung zu erwarten, wenn es darum geht, für Alternativen zur Hausarbeit zu kämpfen. Viele Männer erkennen auch wohl, daß sie mit der Einführung von Gemeinschaftseinrichtungen ein Stück der individuellen Bedienung verlieren werden, die ihnen ihre Frauen jetzt noch bieten: die genau wissen, wie er seinen Kaffee haben will, die seine Socken an einen bestimmten Platz legen, damit er nicht zu suchen braucht, und die Knöpfe an sein Hemd nähen, bevor er noch daran zu denken oder danach zu fragen braucht.

Aber die Frauen selbst sind noch wenig davon überzeugt, daß es in ihrem eigenen Interesse ist, für Maßnahmen zu kämpfen, die ein Ende der Hausarbeit bedeuten. Wenn wir an Gemeinschaftseinrichtungen denken, bekommen wir schnell Visionen von Garküchen, Kasernen und Fürsorgeanstalten. Das ist nicht so verwunderlich, denn wir kennen sie als Begleiterscheinungen von Kriegen und Krisen, in denen Gemeinschaftseinrichtungen in der Tat ärmlich und dürftig waren. Wir wissen auch, daß im kapitalistischen System nie Geld genug vorhanden ist, um das öffentliche Leben zugleich billig und angenehm zu gestalten, weil kaum in öffentliche Einrichtungen Mittel investiert werden. Sichtbar wird das bei Krankenhäusern, Betriebskantinen und Schulen. Im Vergleich mit diesen Einrichtungen erscheint das Leben in der Familie viel reicher. Öffentliche Einrichtungen sehen neben dem Luxus des individuellen Konsums dann nur armselig aus. Wir müssen jedoch bedenken, daß das eine Folge des kapitalistischen Systems selbst ist. Obendrein haben wir schon viel mehr Möglichkeiten als Rußland gerade nach der Revolution hatte; dort waren Waisenhäuser und Garküchen, bedingt durch die extreme Armut, keine angenehmen Plätze. Wir sehen, daß es in China schon viel besser glückt, für kollektive Einrichtungen zu sorgen, die zugleich dem Bedürfnis nach Kontakt und geselligem Verkehr entsprechen.

Durch Propaganda schaffen wir die Familie nicht ab. Dafür ist es im Augenblick für die meisten Menschen noch zu schwierig, anders zu leben. Wir können wohl einen Anfang machen, Alternativen schaffen, die angenehmer sind als die Haushaltsführung, wie wir sie jetzt kennen: Krippen, gegenseitige Kinderbetreuung, Lebensmittelkooperation etc. Daneben müssen wir fordern, daß der Wohnungsbau so gestaltet wird, daß mehr Zusammenarbeit zwischen den Familien möglich ist, eine Stadtplanung, die mehr Raum läßt für kollektive Formen des Lebens als in all den isolierten Einfamilien-Wohneinheiten.

VII. Ideologie

Die vorhergehenden Kapitel haben gezeigt,daß die Situation der Frauen direkt mit der ökonomischen Struktur unserer Gesellschaft zusammenhängt. Das könnte fast den Eindruck erwecken, als ob unser Leben nur von den materiellen Bedingungen bestimmt wird. Aber so einfach verhält es sich nicht. Es ist nicht so, daß die Männer und die Kapitalisten mit der Peitsche hinter uns stehen, um uns in die Küche zu jagen. Die meisten von uns heiraten mehr oder weniger freiwillig. Wir übernehmen das Bild der idealen Frau mehr oder weniger freiwillig und versuchen, uns ihm anzupassen. Es gibt eine Wechselwirkung zwischen den materiellen Bedingungen und der Art, wie wir denken. Manchmal ist es deutlich, daß wir in eine bestimmte Position gezwungen werden, weil uns die materiellen Umstände keine andere Wahl lassen. Aber warum ertragen so viele Frauen eine doppelte Belastung, ohne sich bewußt zu sein, daß sie unterdrückt werden? Das ist nicht nur mit dem Zwang, der von außen kommt, zu erklären. Die Gesamtheit von Normen und Werten einer historischen Periode, die ganz konkret mit der Art zusammenhängt wie die Menschen leben, nennen wir Ideologie. Zum Beispiel: das Ideal der zu Hause sitzenden, nichtstuenden Frau entstand in einer Periode, als die Organisation der Produktion sich so geändert hatte, daß eine Trennung zwischen Wohnung und Arbeitsplatz vollzogen war. Die nichtstuende Ehefrau war zu einem Statussymbol für die Männer geworden. Gleichzeitig betrachtete man die Frauen als passive, verwundbare Wesen ohne eine aktive Sexualität. Im Mittelalter dagegen, als die

Frauen eine viel aktivere Rolle spielten, wurden sie als starke Menschen gesehen die auch eigene sexuelle Bedürfnisse hatten.

Unsere Art des Denkens hängt zu einem großen Teil mit den Bedingungen zusammen, unter denen wir leben. Gleichzeitig hat die Ideologie die Tendenz, sich zu verselbständigen; viele Normen und Auffassungen bleiben bestehen, obwohl dafür kein direkter ökonomischer Zwang mehr besteht. So sind eigentlich noch viele Männer dagegen, daß ihre Frauen außer Haus arbeiten, während inzwischen schon viele Frauen berufstätig sind und mit ihrem Gehalt das Familieneinkommen vergrößern.

Wie sehr wir durch die herrschende Ideologie beeinflußt werden, ist uns oft nicht bewußt. Um ein Beispiel zu nennen: es gibt viele Menschen,die davon ausgehen, daß Mann und Frau gleichwertige Partner sind. Aber trotzdem wählen dieselben Menschen ihre Partner so, daß ein subtiles Machtübergewicht des Mannes über die Frau bestehen bleibt. Fast alle Frauen, feministisch oder nicht, suchen Männer aus, die größer sind, älter sind, und eine bessere Arbeit oder Ausbildung haben als sie. Mindestens zwei dieser drei Kennzeichen muß er schon vorzeigen können, und wenn er kleiner ist und jünger, oder jünger ist und weniger verdient, dann entschuldigen wir uns gegenüber unseren Bekannten: „Er ist zwar jünger, aber er ist so furchtbar intelligent". Die Ideologie des dominierenden Mannes und der unterworfenen Frau spielt scheinbar heimlich weiter mit in dem unbewußten Denken, über das wir nicht die geringste Kontrolle haben; Verliebtheit scheint etwas zu sein, was einen überkommt, viele Frauen haben nicht das Gefühl, daß sie ihre Partner bewußt nach ihren Eigenschaften auswählen. Wir bauen die Machtverhältnisse unbewußt ein. Und später finden wir es selbstverständlich, daß er erst sein Studium beendet (denn er ist doch älter), oder mehr Recht hat, zu Versammlungen außer Haus zu gehen (seine Versammlungen sind doch wichtiger), und wir empfinden das nicht mehr als Unterdrückung.

1. Erziehung

Das Bild, wie eine Frau sein soll, sitzt tief in uns. Von dem Augenblick an, in dem wir geboren werden und rosa Kleider bekommen statt blaue, werden wir auf unsere zukünftige Frauenrolle vorbereitet. Auch das geschieht nicht immer bewußt. Jungen müssen später Ernährer sein , sie müssen in ihrer Arbeit vorwärts kommen, sie müssen konkurrieren können, deshalb werden sie dazu angeregt, aggressiv und aktiv zu sein. Gleichzeitig werden die „hinderlichen" Eigenschaften unterdrückt. Wieviel Chancen hat schon ein Mann in seiner Arbeit, wenn er bei jedem Rückschlag in Tränen ausbricht, oder wenn er sein Gefühl wichtiger findet, als die Regeln, die in dem Betrieb gelten? Die Zukunft eines Mädchens hängt von dem Mann ab, den sie bekommt.

„Der größte Feind saß in mir selbst – mein Selbstbildnis, das mir vorschrieb, daß ich erst etwas galt, wenn mich die Menschen nett fanden. Das Selbstbildnis war schwer abzubauen. So wie die Bewegung der Schwarzen die Erfahrung machte, daß schwarze Menschen als blutrünstige, unvernünftige, gewalttätige Menschen angesehen wurden, wenn sie nicht länger in ihrer untertänigen Haltung verweilten, werden Frauen wegen ihres Mangels an „Weiblichkeit" angegriffen. Bevor wir richtig böse werden, wird schon gesagt, daß wir zu aggressiv sind. Bevor wir schließlich sagen, ihr könnt uns alle den Buckel runterrutschen, wird schon gesagt, daß wir Männerhasser sind, bevor wir entdecken, daß Frauen eine gute

Gesellschaft für uns sind, wird schon gesagt, daß wir alle lesbisch sind. Und aus Schreck reagieren wir darauf, indem wir leugnen, extra lächeln und krampfhaft versuchen, das Gegenteil zu beweisen. Nicht ohne Grund ist ein wichtiger Teil der Frauenbewegung „Consciousness-raising“, das Bewußtwerden, die Entkonditionierung, die stattfindet, dadurch daß man mit anderen Frauen über die eigenen Erfahrungen redet. Wir müssen anfangen mit den Normen zu brechen, die uns auferlegt worden sind, seit uns die rosa Söckchen bei unserer Geburt angezogen wurden. Auch als ich schon lange durchschaut hatte, daß ich in einer Gesellschaft lebte, die auf der Ungleichheit und Unterdrückung basiert, saß der Feind mit seinen alten Normen noch in mir selbst. Diese sind so schwer zu bekämpfen, da sie viel unsichtbarer als die gesellschaftlichen Strukturen sind, die dafür sorgen, daß wir unterbezahlt werden und kein Verfügungsrecht über unseren eigenen Körper haben. So wie ein Fisch zuletzt merkt, daß er im Wasser schwimmt, merkte ich erst zuletzt, daß viel von meinem Verhalten dem Bild, was mir aufgezwungen war, zuzuschreiben ist: Mutter, Ehefrau, Hausfrau, Freundin. Verfügbar, lieb, aufopfernd. Ich bin nicht mehr so abhängig von Zustimmung, aber es kostet mehr Mut, unfreundlich zu sein, als in einer Abtreibungsdemonstration mitzulaufen.“
(Anja Meulenbelt, „Der Feind in mir selbst“, in: Zusammenspiel I, 1975)

Und weil Männer entsprechend der herrschenden Ideologie, Frauen aussuchen, die sie unterstützen, sie versorgen und ihnen helfen, um ihr Ego aufzumöbeln, (wenn sie das nicht tun, heißen sie „dominant“) werden den Mädchen die Eigenschaften ausgetrieben, die ihre Chancen auf dem Heiratsmarkt als „hinderlich“ verkleinern. Mädchen, die zu selbständig sind oder zu aggressiv, haben wenige Chancen. Also bekommen sie zu hören, daß sie nicht kratzbürstig sein dürfen. Und anstatt den Rat zu bekommen, daß sie dem unangenehmen Nachbarsjungen ruhig eine Ohrfeige zurück geben dürfen, wie ihr Bruder das zu hören bekommt, wird sie im Haus gehalten.

Wir nehmen die Ideologie in uns auf, wir „internalisieren" das Bild der Männer- und der Frauenrolle. Wir wissen, oder besser gesagt, wir ahnen, daß wir nicht zu sehr mit den Männern konkurrieren dürfen. So kommt es, daß es nicht nur die Diskriminierung der Umwelt ist, die dafür sorgt, daß weniger Mädchen als Jungen anfangen zu studieren. Es ist auch das Bewußtsein, daß man seine Chancen bei einem Partner vermindert, wenn man sich zu intelligent und selbständig zeigt. Aus einer Untersuchung in den Vereinigten Staaten ging zum Beispiel hervor, daß Mädchen in der Schule auf einmal schlechtere Zensuren bekamen, wenn sie in der Pubertät waren. Mit ihrer Intelligenz hatte das nichts zu tun. Der Grund war, daß sie sich weniger anstrengten, weil allzu schlaue Mädchen bei den Jungen weniger beliebt waren. Mädchen lernen schon früh, zwischen dem Bedürfnis, sich selbst zu entfalten, und dem Bedürfnis, einen Partner zu finden, zu balancieren: eine Wahl, die die Männer nie machen müssen.

2. Machtverhältnisse in der Familie

Innerhalb der Institution Familie werden die bestehenden Machtverhältnisse fortwährend gefestigt. Die Frau, die schon vor der Ehe gründlich auf eine unterstützende Funktion vorbereitet ist, rutscht fast unbemerkt in die Hausfrau / Ehefrau / Mutterrolle, die ihr vorschreibt, daß sie ihre eigenen Belange vor denen des Mannes und der Kinder außer acht lassen muß.

Die Tatsache, daß er derjenige ist, der den Lohn nach Hause bringt, verstärkt seine Überlegenheit. Es scheint als ob er das Geld alleine mit seiner Arbeit verdient hat und sie nichts dazu beigetragen hat. Es gibt ihm das Recht, sich versorgen zu lassen und nach der Arbeit auszuruhen, während sie Essen und Kaffee kocht. Er kann entscheiden, ob sie mehr oder weniger Geld für den Haushalt bekommt. Er kann verlangen, daß sie für jede Ausgabe, die sie für sich selber machen will, Geld bei ihm nachfragen muß. Viele Frauen wissen noch nicht einmal, wieviel ihr Mann verdient. Und sogar in Familien, in denen der Mann seine Lohntüte zu Hause abgibt und der selbst nur ein Taschengeld bekommt, kann er dieses Geld für sich selbst ausgeben, während die Frau den Rest für die Familienmitglieder verwenden wird.

Sex-enquête Frauenkongress, Ockenburgh 1972:
Bist du schon mal mit jemandem ins Bett gegangen, um von dem Genörgel loszukommen?
97 ja
73 nein
Bist du schon mal mit jemandem ins Bett gegangen, weil du dich nicht trautest, dich zu verweigern?
78 ja
97 nein
Bist du schon mal mit jemandem ins Bett gegangen, weil du Angst hattest ihn / sie sonst zu verlieren?
58 ja
116 nein
Bist du schon mal mit jemandem ins Bett gegangen, um zu beweisen, daß du noch dazugehörst?
53 ja
120 nein

Hast du manchmal das Gefühl, daß du einen Orgasmus haben mußt, weil dein Partner sonst verletzt oder beleidigt ist?
103 ja
76 nein
Hast du schon mal so getan, als ob du einen Orgasmus hattest?
104 ja
72 nein
Warst du schon mal enttäuscht, weil dir nur nach Streicheln und Knutschen zumute war, und es doch auf Bumsen hinauslief?
118 ja
52 nein
Hast du schon mal das Gefühl gehabt, daß du jemanden nicht streicheln darfst, weil du sonst mit ihm / ihr ins Bett mußt?
111 ja
39 nein
(aus: Anja Meulenbelt, Wissen wie es fühlt, Frauen in Gesprächsgruppen)

Die Männer können, wenn sie wollen, die ökonomische Abhängigkeit ihrer Frauen mißbrauchen. Sie können ihren Frauen verbieten, auszugehen, in extremen Fällen können sie sie sogar mißhandeln, ohne daß sie die Möglichkeit haben wegzugehen. Sie können drohen, daß sie sich scheiden lassen wollen oder die Lohntüte zur Nachbarin mitnehmen, wenn sie ihre „ehelichen Pflichten" nicht erfüllen, und oftmals muß diese Drohung nicht einmal ausgesprochen werden. Die Angst, mit ein paar Kindern allein zu stehen, und von den Alimenten oder der Sozialhilfe leben zu müssen, bewirkt, daß die meisten Frauen wohl ihr Bestes tun, um die Beziehung in Ordnung zu halten und dem Ideal einer guten Ehefrau zu genügen. Die Männer profitieren von der Abhängigkeit ihrer Frauen, ob sie sich dessen nun bewußt sind oder nicht. Bei ihren Frauen können sie allen Ärger abreagieren, den sie außer Haus erleben. Und es ist eine traurige Tatsache, auch wenn sie nicht besonders überrascht, daß gerade die Männer, die am Arbeitsplatz am meisten unterdrückt werden, ihren Ärger am häufigsten zu Hause bei ihren Frauen abreagieren.

Der Mythos der Männlichkeit ist ihre Alternative zu dem Mangel an Ansehen, dem sie in ihrer Arbeit begegnen. Aber ihre Männlichkeit muß fortwährend bestärkt werden. Auch auf dem Gebiet der Sexualität finden wir dieselben Machtverhältnisse wieder. Es genügte, daß der Mann durch die Sexualität seine berufliche Frustration kompensieren konnte. Inzwischen ist die Sexualität in die Freizeit- und Konsumwerbung einbezogen worden. Heute dürfen Frauen den Sex nicht mehr passiv erleiden, sie *müssen* Freude daran haben. Ob die Formen, in denen Sex praktiziert werden soll, auch ihren Bedürfnissen entgegenkommt, steht nicht zur Diskussion. Frauen, die Widerstand gegen den zwanghaften Dreimal-in-der-Woche-Trott leisten, kriegen zu hören, daß sie frustriert sind oder Lustangst haben und daß sie mal in eine Therapie gehen müssen. Sie glauben, daß etwas mit ihnen nicht in Ordnung ist, wenn sie wenig Lust an der routinemäßigen Art haben, wie viele Männer mit ihrer Sexualität umgehen, und daß sie nur Lust zu schmusen haben, wenn sie wirklich Kontakt und Wärme spüren.

Alle Frauen werden aufgrund ihrer sexuellen Funktion beurteilt. Viele Frauen geraten durch die zweideutigen Anspielungen, die ständig gemacht werden, in Verwirrung. Einerseits wird von den Frauen erwartet, daß sie sexuell anziehend und verfügbar sind. Andererseits zeigt die Praxis, daß sexuell aktive Frauen als bedrohend empfunden werden. Mädchen, die nicht mitspielen, sind frustrierte Gänse; Mädchen, die wohl mitspielen, sind abgeleckte Butterbrote – nicht die Sorte Mädchen, die man heiratet. Als Frau kann man es niemals richtig machen. Anstatt über diese doppelte Moral böse zu werden, fühlen wir uns schuldig.

3. Widerstand gegen die Frauenbewegung

Wenn wir nicht nur die materiellen Bedingungen betrachten, unter denen Menschen leben, sondern auch die herrschende Ideologie, dann wird deutlicher, warum sich so viele Männer und sogar Frauen von der Frauenbewegung bedroht fühlen. Bei den Männern ist das einfacher zu verstehen: die Bedrohung ist real. Wenn Frauen einmal begonnen haben, sich zu emanzipieren, werden Männer gezwungen, eine Reihe ihrer Privilegien aufzugeben. Für Männer, die die Tatsache, daß sie das Geld verdienen, als Argument benutzen, um sich versorgen zu lassen, ist es eine direkte Bedrohung, wenn die Frauen immer mehr für ihren eigenen Lebensunterhalt sorgen. Für Männer, die die Frauen vor allem nach ihrer sexuellen Verfügbarkeit beurteilen, ist es eine Bedrohung, wenn Frauen immer mehr nach ihren eigenen Bedürfnissen handeln und die „sexuellen Rechte" des Mannes nicht mehr so selbstverständlich hinnehmen.

Viele Frauen fühlen sich von der Frauenbewegung bedroht, weil sie sich unbewußt ängstigen, ihren Partner zu verlieren. Das ist nicht ganz irreal, da viele Männer sich am wohlsten bei Frauen fühlen, die zu ihnen aufsehen; schließlich wählten sie ihre (Ehe-)Partnerinnen in der Vergangenheit aus diesem Grunde aus, und schließlich gibt es (noch) eine Menge Frauen, die bereit sind, diese Aufgabe zu übernehmen. Andere Frauen fühlen sich bedroht, weil sie in der Männerhierarchie einen kleinen Platz gefunden und nun Angst haben, diesen zu verlieren. Das ist auch verständlich im Blick auf die heutige Situation in den Medien, im Betriebsleben, in den Gewerkschaften, den Parteien und in der Regierung. Überall sitzen zwar ein paar Frauen, die den gleichen Status bekommen haben wie die Männer, aber sie dürfen dort vornehmlich sitzen, weil sie sportlich sind und nicht über Frauenprobleme meckern. Frauen, die Haltungen oder Meinungen zeigen, die gegen die herrschende Ideologie gerichtet sind, brauchen auf keinen Fall damit zu rechnen, daß sie dadurch populärer werden. Außer in der Frauenbewegung.

VIII. Frauen in sozialistischen Ländern

Wir haben gesagt, daß die Frauenbefreiung in einer kapitalistischen Gesellschaftsordnung nicht möglich ist. Oft wird dieses Argument von linken Gruppen benutzt, um zu betonen, daß Frauenorganisationen, die sich mit Frauenfragen beschäftigen, zum heutigen Zeitpunkt unsinnig sind. „Ist erst einmal der Kapitalismus beseitigt, dann kommt die Befreiung der Frauen von selbst“, wird behauptet, und wir werden angespornt, unsere Zeit nicht in Frauengruppen zu vertun sondern den Klassenkampf zu unterstützen – man beachte: ihren Klassenkampf – und unsere eigenen Probleme dem unterzuordnen. Deshalb ist es für uns wichtig zu erkennen, inwieweit die Frauenbefreiung tatsächlich ein automatisches Ergebnis beim Übergang in ein sozialistisches System ist. Dazu geben wir in dieser Einführung eine kurze Übersicht der Situation von Frauen in der UdSSR und VR China seit der Revolution.

Natürlich können wir die Position der Frauen nicht losgelöst von den historischen Entwicklungen, die ein Land durchmacht, betrachten. Die Art und Weise, in der Frauen heute in der UdSSR und der VR China leben, ist nicht ohne weiteres zu vergleichen mit der Situation von Frauen hier oder mit den feministischen Forderungen, die wir von unserem eigenen Anspruch her stellen. Genauso wie die anderen Kapitel ist dieses nur ein Versuch, eine Reihe von Punkten deutlich zu machen und nur gemeint als Ansatz zur weiteren Auseinandersetzung. Wir gehen davon aus, daß die Position von Frauen bedingt ist durch ihre Arbeit im Produktions- und Reproduktionssektor. Oder besser gesagt, durch die Wechselwirkung, die zwischen beiden herrscht. Damit hängt auch zusammen, wieviel Ideen Frauen in politischen Organisationen eingebracht haben und mit welchem Engagement sie in politischen Organisationen mitarbeiten. Wir möchten auch wissen, wie man sich in den sozialistischen Ländern darum bemüht hat, die alte Ideologie der Mann-Frau-Rollenverteilung zu durchbrechen, da dies mindestens so wichtig ist wie gesetzliche und ökonomische Maßnahmen zur Befreiung der Frauen.

1. UdSSR

Feministische Vorstellungen gab es schon vor der Oktoberrevolution. Unter den Frauen der „Intelligenz", selbständigen Frauen, Lehrerinnen, Ehefrauen von Schriftstellern etc. war die Idee der Frauenemanzipation bekannt. In den Jahren vor der Revolution stand Alexandra Kollontai, die einen bedeutenden Einfluß auf die sozialistisch-feministische Bewegung gehabt hat, in Kontakt mit der Frauenbewegung in Deutschland. Zum erstenmal war auch die Rede von einem Aufstand proletarischer Frauen: Am Ende des 19. Jahrhunderts fanden die ersten Streiks von Textilarbeiterinnen statt. Der Grundstein für die Zjenodtel, die Frauenbewegung, die davon ausging, daß die Beseitigung der Frauenunterdrückung einhergehen muß mit dem Aufbau der sozialistischen Gesellschaft, wurde schon vor den Revolutionsjahren gelegt.

Die russischen Frauen waren extrem unterdrückt. In allen Ständen waren die Frauen Eigentum ihrer Ehemänner. Mißhandlungen an Frauen galten als eine normale Sache, Besitz wurde den Frauen nicht zugestanden, für alles benötigten sie die Zustimmung ihrer Männer. In der herrschenden Klasse war die Frau eine Art nutzlose Puppe ohne eigenen Willen, die Bauernbevölkerung rechnete Frauen eher zum Vieh, nicht als Partner des Mannes, in der Industrie wurden die Frauen ausgebeutet und erhielten Löhne, mit den sie nicht leben und nicht sterben konnten. Eine der patriarchalen Gewohnheiten war, daß in Bauernfamilien der Vater der Braut dem Bräutigam eine neue Peitsche schenkte, damit er – wenn nötig – seine Autorität ausüben konnte. Und in manchen Gegenden Rußlands gingen die Frauen noch verschleiert, und die Mädchen wurden verkauft.

Unmittelbar nach der Revolution – die mit einem Streik von Frauen begann – wurden auf Druck der Frauenbewegung erste Gesetze geschaffen. Die Ehegesetzgebung wurde geändert. Mann und Frau erhielten vor dem Gesetz einen gleichen Status, die Ungleichheit zwischen ehelichen und unehelichen Kindern wurde aufgehoben. Frauen durften ihren eigenen Namen behalten, sie brauchten ihrem Mann nicht mehr zu gehorchen, und die Ehescheidung wurde erleichtert. Später wurden auch die Eigentumsverhältnisse geändert. Jetzt galt, daß die Besitztümer das gemeinschaftliche Eigentum von Mann und Frau sein sollten, so daß die Frauen bei einer Scheidung noch etwas von all ihrer Arbeit, die sie während ihrer Ehe in den Haushalt gesteckt hatten, zurückerhalten würden.

Man ging davon aus, daß die Befreiung der Frauen ein integraler Bestandteil des Kommunismus war. Frauen sollten als selbständige Wesen betrachtet werden, mit dem Recht auf Arbeit. Die Erziehung der Kinder sollte eine kollektive Verantwortlichkeit sein, es sollte ein Netz von Versorgungsmaßnahmen geschaffen werden, die es den Frauen ermöglichen sollte, vollwertig an der Produktion teilnehmen zu können. Dabei ging es um Einrichtungen wie Wäschereien, Kantinen und Kindergärten. Dadurch sollte die Kleinfamilie beseitigt werden. Es waren vor allem die kommunistischen Frauen von der Zjenodtel, die auf neue Gesetzgebung und Gemeinschaftseinrichtungen drangen, aber auch Männer wie Lenin und Trotzki unterstützten ihre Forderungen. Die Frauenbewegung stieß jedoch noch auf heftigen Widerstand: Von den Männern, die nichts davon hielten, daß ihre Frauen zu den Zusammenkünften von der Zjenodtel gingen, statt ihre Hausarbeit zu tun, aber auch von den Frauen, die noch Mühe hatten, von ihrem alten Abhängigkeitsverhältnis loszukommen.

Die Frauenbewegung wuchs. Überall wurden Frauengruppen gegründet. 1918 fand eine Konferenz von Arbeiterinnen und Bäuerinnen statt, an der 1200 Delegierte teilnahmen. Die ersten Fragen, die behandelt wurden, waren der Schutz der Frauen in der Industrie, die Erziehung der Kinder und die Verbreitung der Frauenbewegung. In den Frauengruppen machten die russischen Frauen ihren Bewußtwerdungsprozeß durch. Sie begannen nicht nur gegen ihre eigenen Arbeitsbedingungen Widerstand zu leisten, sondern auch gegen die Autorität der Männer. Zuerst mußten die Frauen lernen, für sich selbst aufzukommen und sich zu wehren. Frauen, die noch zu ängstlich waren, wurden zu Vorträgen über praktische Dinge wie Babypflege und Verhütungsmittel eingeladen. Als sie mehr Selbstvertrauen bekommen hatten, begannen sie, in den Gewerkschaften mitzumachen. Sie waren führend bei der Gründung einer Vielzahl von lokalen Komitees. Die Ziele der Frauenbewegung waren aber noch lange nicht erreicht.

Als der Zentralismus stärker wurde, kam dieser Prozeß unter der Herrschaft Stalins zu einem Ende und wurde sogar zurückgenommen. Das war unter anderem die Folge der extrem schwierigen Verhältnisse, in denen sich die UdSSR befand. Die sozialistische Revolution hatte sich nicht auf andere Länder ausgebreitet, die Sowjetunion blieb isoliert und konnte nicht auf Unterstützung rechnen. Außerdem wurde das Land jahrelang vom Bürgerkrieg heimgesucht, der die normale Produktion nahezu vollständig lahmlegte. Das schöne Ideal von selbständigen Frauen und kollektiver Kindererziehung erhielt in der Praxis meist die Form von übervollen Waisenhäusern, die kaum Mittel zum Überleben hatten, und von alleinstehenden Müttern, die neben ihrer Arbeit in der Produktion allein und ohne Hilfe die Kinder erziehen mußten. Unter dem Druck einer drohenden Konterrevolution wurde die Führung immer weiter zentralisiert und die Mitsprache der Basis immer mehr eingeschränkt. Die Forderungen der Frauen wurde überhaupt nicht mehr berücksichtigt. Um aus der Notsituation herauszukommen, galt die erste Priorität der Erhöhung der Produktion. Diesem Ziel wurde alles andere untergeordnet. Die öffentlichen Einrichtungen, die notwendig waren, um Frauen von ihrem Haushalt zu entlasten, damit sie an der Produktion teilnehmen konnten, wurden nun aus ökonomischen Gründen verteidigt, nicht mehr, weil sie die Auflösung von Ehe und Familie bedeuteten, wie es die Feministinnen wollten.

Langsam aber sicher wurden alle neuen Gesetze wieder zurückgenommen. 1930 wurde „die Familie" per Gesetz rehabilitiert. Die Zjenodtel wurde von hoher Hand aufgelöst mit dem Argument, daß kein Bedürfnis mehr für eine unabhängige Frauenbewegung vorhanden sei, da die Frauen schon emanzipiert wären und der Staat alle ihre Bedürfnisse befriedigen könne. Als ein neuer Weltkrieg drohte, wurden Maßnahmen ergriffen, um die Frauen anzuspornen, soviele Kinder wie nur möglich in die Welt zu setzen. Die Abtreibung wurde verboten, Scheidungen erschwert, und nicht zufällig galt Homosexualität (eine Form von sexueller Betätigung, die nicht „produktiv" ist) als Straftat. Eine unverheiratete Mutter konnte nicht mehr beim Gericht darauf dringen, den Vater ihres Kindes zu einer Alimentenzahlung für die Erziehung zu zwingen.

Anstatt zuzugeben, daß diese Maßnahmen historisch notwendig waren, begann die Partei eine großangelegte Kampagne zu führen, um die Menschen davon zu überzeugen, daß die Familie der Eckstein der kommunistischen Gesellschaft sei. Heiratszeremonien kamen wieder in Mode, die Frau als Mutter einer großen Kinderschar wurde verherrlicht. Später wurden gar Medaillen an Mütter mit vielen Kindern verliehen, und Frauen, die ihr zehntes Kind zur Welt gebracht hatten, erhielten den Titel Mutter-Heldin.

Die ursprünglichen Ideen der Feministinnen über freie Beziehungen zwischen Menschen, wie sie beschrieben sind in Alexandra Kollontais Bücher über freie Sexualität für Frauen, wurden als bürgerliche Bestrebungen abgetan, die Ehe zu beseitigen. Zwar wurde 1955 die Abtreibung erneut legalisiert, da sich herausgestellt hatte, daß das Verbot die Frauen nicht dazu gebracht hatte, mehr Kinder in die Welt zu setzen, wohl aber die Pfuscherei von illegalen Abtreibungen gefördert hatte. Dem stand gegenüber, daß die Verantwortlichkeit für die Erziehung der Kinder wieder gänzlich aufs Konto der Eltern ging. Heute wird in der UdSSR unter Emanzipation der Frau vor allem das Recht der Frauen auf Arbeit verstanden. In der Tat ist nahezu die gesamte weibliche Bevölkerung berufstätig und oft in Berufen, die früher für Frauen nicht zugänglich waren. Es ist üblich, daß die Mädchen eine gute Berufsausbildung erhalten, und die dazugehörige ökonomische Unabhängigkeit bedeutet entschieden einen großen Schritt nach vorn im Vergleich zu früher. Jedoch ist im Reproduktionsbereich die Emanzipation nur zum Teil geglückt. Es gibt eine Reihe von Gemeinschaftseinrichtungen wie Krippen u. a., aber es gibt nicht genug. Normalerweise muß eine Frau in der Sowjetunion ein doppeltes Pensum erledigen. Aus einer Untersuchung von 1961 geht hervor, daß berufstätige Hausfrauen durchschnittlich pro Tag drei Stunden länger arbeiten als ihre Männer, zwei Stunden weniger freie Zeit hatten und eineinhalb Stunden weniger Schlaf bekamen. Es ist noch immer nicht selbstverständlich, daß die Männer die Hälfte der Hausarbeit übernehmen, daß Frauen halbtags außer Hause arbeiten, und daß sie dann über die Hälfte des Familieneinkommens verfügen.

Aus einer kürzlich erschienenen Studie geht hervor, daß von 160 Familien in Leningrad, in 69 Familien der Haushalt ausschließlich von der Frau geführt wurde, in 26 von der Großmutter, in 17 von der Mutter zusammen mit den Kindern, und daß in 48 Familien der Mann im Haushalt mithalf. Es wurden kaum ernsthafte Versuche unternommen, das Rollenmodell zu durchbrechen. In den Zeitschriften, die speziell für Frauen herausgegeben werden, liegt der Schwerpunkt viel mehr auf der Aufopferungsbereitschaft der Frau als auf ihrem Recht, für sich selbst zu sorgen. In einem Informationsbulletin der sowjetischen Botschaft vom 7. März 1974 fanden wir sogar das folgende Zitat: „Die tatsächliche Mannhaftigkeit der Frau von heute drückt sich nicht so sehr in ihrer äußeren Erscheinung als vielmehr in der Fähigkeit aus, die Rolle in der Gesellschaft, in der Familie und im täglichen Leben harmonisch miteinander zu vereinen und danach zu streben, den Gipfel zu erreichen in der nicht einfachen Kunst der Mutterschaft und dem kreativen Aufbau der Gesellschaft."

Es wird niemanden überraschen, daß es auch in der UdSSR nur wenige Frauen gibt, die bei ihrer Doppelbelastung leitende Stellungen einnehmen oder zu den politischen Kadern gehören. Es gibt auch noch immer typische Frauenberufe. Gleicher Lohn ist auch nicht Realität geworden; dabei dürfen wir nicht vergessen, daß es auch keinen gleichen Lohn zwischen Männern gibt und daß nicht danach gestrebt wird, jeden Unterschied aufzuheben. So sind zum Beispiel drei Viertel aller Ärzte Frauen, aber die Direktorenfunktionen in den Krankenhäusern werden meistens von Männern wahrgenommen. Wie die russischen Frauen selbst über diese Situation denken, wissen wir nicht. Da keine unabhängige Frauenbewegung mehr existiert, hören wir wenig über die Forderungen, die die Frauen erheben. Wohl ist es für den Parteiapparat ein großes Problem, daß sich immer mehr Frauen weigern, mehr als ein Kind in die Welt zu setzen, obwohl die Propaganda noch immer für große Familien plädiert.

2. VR China

In China wurden die Frauen vor der Revolution extrem unterdrückt. Auch die Männer wurden unterdrückt: von den feudalen Landbesitzern, vom Staat, durch die Religion. Bei den Frauen kam dazu noch die Unterdrückung durch den eigenen Mann. In ihrer Jugend waren die Frauen der absoluten Autorität ihrer Väter, später der ihrer Männer unterworfen, und wenn sie alt waren und Witwen, übernahmen ihre Söhne die Herrschaft über sie.

In chinesischen Familien gab es eine strenge Hierarchie, in der alt über jung und der Mann über die Frau herrschte. Die einzige Macht, die Frauen haben konnten, war die über ihre Schwiegertöchter. Frauen wurden hauptsächlich als Arbeitskräfte und als Erzeugerinnen von Söhnen angesehen. Ein reicher Mann hatte neben seiner offiziellen Ehefrau oft mehrere Konkubinen, die Kinder gebären und den Haushalt führen mußten. In Zeiten der Not wurden oft die Mädchen bei ihrer Geburt getötet, und Töchter wurden als Dienstmädchen oder Prostituierte verkauft. Gewöhnlich wurden die Mädchen verheiratet, sobald sie alt genug waren, um Kinder zu bekommen und der Familie ihres Mannes als Arbeitskraft übergeben, die sie häufig vor der Ehe noch nie gesehen hatte.

In großen Teilen Chinas durften die Frauen nicht auf dem Land arbeiten; sie führten den Haushalt. Die Frauen von reichen Männern waren zu einem sinnlosen Nichtstun verurteilt, die Frauen von armen Männern plagten sich als Sklaven im Haushalt. Mißhandlungen an Frauen wurden durchaus als normal empfunden. Die chinesischen Frauen waren auch sehr unterwürfig. Das wurde unterstrichen durch ihre eingeschnürten Füße, die als Schönheitsideal galten und auf denen sie sich nur schlurfend bewegen konnten.

Schon zu Beginn des zwanzigsten Jahrhunderts empörten sich die ersten Frauen: Frauen aus den Städten, die Bildung genossen hatten und dadurch in Berührung mit westlichen Emanzipationsideen geraten waren. Und schon von ihrer Gründung an betrachtete die chinesische Kommunistische Partei die Frauenbewegung als unentbehrliche Sache für die Veränderung der Gesellschaft. Um das feudale System der Landbesitzer und den Privatbesitz abzuschaffen, mußte auch das feudale Familiensystem verschwinden, und dafür war die Frauenemanzipation unabdingbar. Während der Revolution von 1911 wurden zwar die Ehegesetze verändert, aber nicht die ökonomische Position der Frauen. Dadurch gab es in der Praxis nur geringe Veränderungen. In den 20er Jahren, während der Koalitionsregierung von Chinesischer Kommunistischer Partei (von 1921) und Nationalistischer Partei (von 1912), waren es vor allem die Kommunisten, die versuchten, die Frauen zu organisieren. Frauenkomitees wurden errichtet, anfänglich vor allem unter den jüngeren Einwohnerinnen in den Städten, aber langsam auch unter den Bauern- und Arbeiterfrauen. Die Frauen organisierten Streiks und schnitten ihr Haar kurz als Zeichen ihrer Befreiung. Als 1927 die Koalition auseinanderbrach und die Nationalisten an die Macht kamen, begannen die Kommunistenverfolgungen. Als Frau kurzes Haar zu tragen bedeutete in den Augen der Nationalisten „Kommunist sein", und viele Frauen wurden allein aus diesem Grunde ermordet.

In den 30er Jahren (mit dem Japanisch-Chinesischen Krieg) und 40er Jahren entkamen immer mehr Frauen ihrem häuslichen Dasein. Aber der Durchbruch zur Emanzipation kam erst mit der kommunistischen Revolution von 1949. Überall im Lande wurden Frauenorganisationen errichtet, die zusammengefaßt wurden in der Frauenföderation. Diese sorgte dafür, daß die Kommunistische Partei ihren Versprechungen auch nachkam.

Die Befreiung der Frauen wurde auf verschiedene Ebenen angepackt. Zuerst einmal wurde die Ehegesetzgebung erneut verändert, diesmal radikal. So wurde die freie Partnerwahl für Mann und Frau garantiert, wobei für beide Teile die gleichen Rechte galten. Die Frau behielt ihren eigenen Namen. Bei der neuen Landverteilung konnten die Frauen die gleichen Rechte geltend machen wie die Männer. Damit wurde das Recht auf Scheidung mehr als nur ein hohler Wahlspruch, denn Grund und Boden zu besitzen bedeutete, ökonomisch unabhängig zu sein. Dann wurden in einem neuen System von Volkskommunen die Voraussetzungen geschaffen, um die Frauen tatsächlich größtenteils von der Sorge um Haushalt und Kinder zu befreien. Jede Kommune erhielt Krippen, Wäschereien, Nähstuben und kommunale Küchen. Es wurde eine Gesamtverantwortung für die Kinderversorgung angestrebt. Und Frauen ergriffen auch selbst die Initiative, so bei der Errichtung von kleinen Betrieben in der Nachbarschaft ihres Hauses.

Dieses Restaurant war in einem großen Raum mit hohen Wänden untergebracht; nach dem Essen diente es als Theatersaal des Viertels, in dem Laien nach ihrer Arbeit Vorstellungen gaben. Es war Mittag, und die Stäbchen klapperten auf dem Porzellan. Hier ein Paar, das zusammen mit seinen Kindern aß, da eine kleine Alte, die an einem Tisch mit jungen Leuten diskutierte, dort wieder eine Gruppe von sechs- bis achtjährigen, die alle ruhig und ganz alleine ihr Essen

einnahmen. Die Küche, die sich in einer Ecke befand, war durch lange Büffets vom Restaurant abgeteilt. Dort kaufte man sein Gedeck und setzte sich zum Essen an einen der langen Tische. Andere kauften das fertige Essen und nahmen es in Metalltellern mit nach Hause. Neben uns holten sich zwei Kinder, die kaum über das Büffet gucken konnten, ihr Essen. Die Serviererin sprach freundlich mit ihnen. Die Kinder nahmen ihre Teller und setzten sich neben einen Mann, der ganz allein an einem Tisch aß. Er lächelte ihnen zu und schob seinen Napf beiseite, um ihnen Platz zu machen. Sie begannen, mit ihm zu diskutieren, und er hörte ihnen aufmerksam und kopfschüttelnd zu. Dem Kleineren half er, seinen Fisch abzuklauben. Als sie mit dem Essen fertig waren, räumten sie ihre Näpfe und Stäbchen sowie das Gedeck des Mannes ab und brachten es zu einem anderen Büffet. Er dankte ihnen mit einer freundschaftlichen Geste, und sie rannten hinaus, um weiterzuspielen oder auch, um wieder in ihre Klasse zu gehen. Es waren nicht die Kinder dieses Mannes, und er war auch sonst nicht mit ihnen verwandt. Wahrscheinlich irgendwelche Nachbarn. Es waren auch keine „verwaisten" Kinder. Aus irgendeinem Grund gingen sie halt allein essen. Und ganz selbstverständlich fühlte sich jeder, ob Erwachsener oder Jugendlicher, für sie wie für seine eigenen Kinder oder Geschwister verantwortlich.
(Claudie Broyelle, Die Hälfte des Himmels. Frauenemanzipation und Kindererziehung in China)

Man begriff jedoch, daß nicht allein die ökonomischen Umstände verändert werden mußten, sondern auch gleichzeitig das Bewußtsein der Menschen. Darum wurde die Kulturrevolution ausgerufen. Es wurden in großem Umfange Kampagnen und Diskussionen geführt und öffentliche Zusammenkünfte organisiert, um jede Änderung durchzusprechen. Der Aufbau einer kommunistischen Gesellschaft ist ein langwieriger Prozeß, wobei man stets darauf achtgeben muß, daß nicht aufs neue traditionelle Ideen wieder auftauchen. So wurde an der Aufhebung von der Kluft zwischen Kopf- und Handarbeit gearbeitet, ein System von gleichem Lohn für gleiche Arbeit wurde installiert, und man lernte, von kollektiven Belangen auszugehen, statt von individuellen Bedürfnissen.

Ein beträchtliches Problem bildete die Passivität und die unterwürfige Haltung der Frauen, und darüber hinaus das Verhalten der Männer, die ihre vermeintliche Überlegenheit nicht ohne weiteres preisgeben wollten. Von Beginn des revolutionären Prozesses an organisierten die Frauen „speak bitterness"-Zusammenkünfte. Dort wurden die Frauen aufgefordert, sich über die schlechte Behandlung, die sie bei ihren Männern erfuhren, auszusprechen. Viele Frauen erzählten zum erstenmal in ihrem Leben über die Schläge, die sie bekamen. Das war für sich genommen schon revolutionär. Männer, die ihr Leben nicht ändern wollten, wurden von den Frauen in der Öffentlichkeit angeklagt und zuweilen selbst geschlagen und getreten durch die gesamte Frauengruppe, oder eingesperrt bis sie Besserung versprachen. Frauen, die sich scheiden lassen wollten, aber noch Angst hatten, es ihrem Mann zu sagen, riefen die Frauengruppe zu sich, um sich helfen zu lassen.

Das Zusammenwirken von neuer Gesetzgebung, ökonomischer Unabhängigkeit und einem umfassenden Schulungsprogramm, das von Frauen selbst ausgearbeitet worden war, hat viele Erfolge gehabt. Aber die vollständige Frauenbefreiung ist noch nicht erreicht. Es müssen noch immer Kampagnen geführt werden, um die Menschen davon zu überzeugen, daß „alles, was ein Mann leisten kann, auch von einer Frau getan werden kann".

Die Umkehrung jedoch scheint noch schwerer akzeptiert zu werden. Dem Slogan „alles, was eine Frau leisten kann, kann auch ein Mann" begegnet mehr Widerstand. Noch immer kommt es vor, daß die Frau alle „übriggebliebenen" Aufgaben im Bereich des Haushaltes erledigt. Zwar kann sie leicht der Arbeit fernbleiben, um ihre Kinder zu erziehen, und das Essen zu bereiten, aber da dies nicht als Arbeit angesehen wird, erhält sie keine Leistungspunkte dafür. Es kann also noch keine Rede von einer vollständig gleichen Entlohnung sein. Aber auch das steht in vielen Volkskommunen schon zur Diskussion.

Die Betreuung der Kinder in Krippen ist noch immer Frauensache. Dagegen gibt es wenig Protest. Viele chinesische Frauen finden es anscheinend nicht schlimm, andere Arbeit auszuführen als die Männer, solange die Entlohnung, die Anerkennung und die Schwere der Arbeit nicht unterschiedlich ist. Und Hausfrauen, wie wir sie im Westen kennen – voneinander isoliert, abhängig von ihren Ehemännern, ohne Stimulanz, um sich weiterzuentwickeln –, kennt man in China nicht mehr.

Die politischen Führungspositionen werden noch selten von Frauen bekleidet. Ein Beispiel für alte patriarchale Verhaltensmuster, die verhindern, daß Frauen in der Politik viel Einfluß erlangen, ist die Gewohnheit, daß die Frau nach der Heirat zu ihrem Mann zieht. In ihrer alten Lebensumgebung hat sie keinen Einfluß mehr, in ihrer neuen muß sie sich erst an die Menschen und das schon bestehende Kommunikationsnetz gewöhnen, bevor sie ihren eigenen Platz findet. Aber die Frauenbewegung bleibt aktiv. So existiert eine separate Frauenabteilung in der Gewerkschaft, die die Belange von Frauen weiterhin verteidigt. In jedem Betrieb gibt es Frauengruppen. Sie organisieren unter anderem Zusammenkünfte, um die männlichen Arbeiter davon zu überzeugen, daß sie ihre Vorurteile über Frauen aufgeben müssen. Die

Gruppen sorgen auch dafür, daß die Gewerkschaften ihre Aufmerksamkeit nicht allein der Arbeit schenken, sondern auch den häuslichen Problemen. Die Nationale Frauen-Föderation bleibt wie ein Wachhund damit beschäftigt, dafür zu sorgen, daß das Interesse für Frauenprobleme nicht versiegt, nachdem es in den 60er Jahren im Hintergrund zu verschwinden drohte.

IX. Schlußfolgerungen

Wie wir in den letzten Kapiteln gesehen haben, bedeutet die Unterdrückung der Frauen mehr, als daß Männer von der unterlegenen Position der Frauen profitieren können.

Frauen wurden schon lange vor der Einführung der kapitalistischen Produktionsweise unterdrückt. Allein die Art der Unterdrückung hat sich im Laufe der Geschichte verändert.

Wenn wir die Unterdrückung beseitigen wollen, dürfen wir uns nicht auf den Kampf gegen Männer beschränken. Selbst wenn alle Männer bereit wären, ihre Strümpfe selbst zu waschen und die Hälfte der Kinderbetreuung zu übernehmen, sogar wenn sie imstande wären, sich von ihrem anerzogenen Sexismus zu lösen, also keine Angst mehr vor der Konkurrenz von Frauen hätten und Frauen als ganze Menschen sehen würden, anstatt die Frauen nach dem Nutzen zu beurteilen, den sie für Männer haben (z. B. Haushälterin, Sexobjekt oder als Spiegel, der das männliche Ego zweimal größer reflektiert – Virginia Woolf), sogar dann können wir nicht von einer wirklichen Befreiung der Frauen reden. Unsere Stellung hängt nun einmal zusammen mit der Gesellschaftsstruktur. Wie nützlich eine „Gegenkultur" auch ist, wie notwendig ein zeitweiliger Zusammenschluß von Frauen in Gesprächsgruppen oder Frauenzentren auch ist als ein Freiraum, in dem wir uns gegenseitig stärken können, wo wir auftanken können, Solidarität entwickeln – die endgültige Befreiung der Frauen kann nicht nur innerhalb der Frauenbewegung erkämpft werden. Sie muß einhergehen mit der Schaffung einer sozialistischen Gesellschaft.

1. Sozialismus für Feministinnen

Die Frauenbefreiung kann aus vielen Gründen nicht losgelöst vom Klassenkampf betrachtet werden. Erstens haben wir es nicht allein mit der unterschiedlichen Stellung von Männern und Frauen zu tun, sondern auch mit dem Klassengegensatz, der unabhängig vom Geschlecht ist. Wir sollten nicht allein die Übereinstimmungen, die Frauen verbinden, betrachten, wie die Tatsache, daß Bettenmachen und Abwaschen für die Ehefrauen der Chefs genauso langweilig ist wie für die Ehefrau eines Arbeiters. Wir müssen auch die Unterschiede zwischen Frauen betrachten.

a. Es macht auch für eine Hausfrau sehr wohl einen Unterschied aus, wie hoch das Einkommen ist, das ihr für den Haushalt zur Verfügung steht. Je höher das Einkommen, desto mehr Hilfsmittel kann sie sich leisten und umso eher kann sie neue Kleider kaufen, anstatt alte auszubessern, und Fertiggerichte kaufen. An der Organisation des Haushaltes ändert sich dann vielleicht nicht viel, aber es macht das Leben natürlich etwas angenehmer.

Das Einkommen, das eine Hausfrau für ihre Arbeit zur Verfügung hat, ist nicht abhängig von ihrem Einsatz, sondern von der Position, die ihr Ehemann in der Gesellschaft einnimmt. Und je höher diese Position ist, desto mehr Möglichkeiten hat die Ehefrau, einen Teil dieser Hausarbeiten auf andere Personen zu übertragen, wie Putzfrauen oder Kindermädchen. Aus solchen Tatsachen werden Unterschiede zwischen Frauen deutlich: Es sind allein die Frauen mit den schlechtesten Bedingungen in dieser Gesellschaft, die für Geld einen Teil der Hausarbeit der besser gestellten Frauen übernehmen müssen.

b. Die Unterschiede werden noch deutlicher, wenn Frauen neben ihrer Hausarbeit auch noch berufstätig sind. Für einen großen Teil der Frauen ist das keine freie Entscheidung. Das

Gehalt der Männer reicht oft nicht aus, eine Familie einigermaßen gut zu versorgen. Viele Frauen müssen einfach arbeiten, nicht für ihre eigene Entwicklung, sondern um das Familieneinkommen zu vergrößern, damit die Miete bezahlt werden oder die Familie auf Urlaub fahren oder neue Sachen anschaffen kann. Gerade diese Frauen bekommen die minderwertigsten Jobs, müssen die monotonsten, die am schlechtesten bezahlten Arbeiten tun, die speziell für Gastarbeiter und Frauen reserviert zu sein scheinen. Die meisten Frauen aus der Unterschicht verfügen nicht einmal über die grundlegenden Möglichkeiten, um ihre Befreiung voranzutreiben. Wenn eine Frau nur Volksschulabschluß hat, ist es sehr schwierig für sie, ihre Position zu verbessern und eine selbständige Existenz aufzubauen. Diese Erfahrungen machen auch die Frauenhäuser, in die Frauen flüchten, um weiteren Mißhandlungen zu entkommen. Fälle von Mißhandlung gibt es in allen Schichten unserer Bevölkerung. Aber es sind gerade Frauen mit den schlechtesten wirtschaftlichen Möglichkeiten, die hiervon am stärksten betroffen sind. Was kannst du machen, wenn du Kinder hast und nicht die Möglichkeit, einen Job zu bekommen, mit dem du deine eigene Wohnung bezahlen und deine Kinder einigermaßen gut versorgen kannst? Wie die Erfahrungen von Frauenhäusern zeigen, gibt es unzählige Frauen, die sich jahrelang haben mißhandeln und quälen lassen, weil sie nicht die geringste Chance sahen, eine unabhängige Existenz aufzubauen.

Wie sehr Frauen von ihrer Schichtzugehörigkeit abhängig sind, stellt sich erst dann heraus, wenn sie anfangen, sich gegen ihr Dasein zu wehren. Scheidung ist ein Luxus, den sich nicht jede Frau leisten kann. Sogar bei Unterhaltszahlungen sinkt der Lebensstandard von Frauen mit Kindern, die selbständig leben wollen, oft weit unter das Existenzminimum. Und einigermaßen gut bezahlte Jobs für Frauen ohne Abitur sind kaum zu bekommen. *FRAUEN KÖNNEN NICHT*

FREIER WERDEN ALS DIE BEVÖLKERUNGS-SCHICHT, ZU DER SIE GEHÖREN. Daß sie formal gleiche Chancen haben, ändert wenig an dieser Tatsache. Theoretisch hält nichts und niemand ein Arbeiterkind davon ab, zur Uni zu gehen und zu studieren, aber in der Praxis gelingt es immer noch sehr wenigen, diese Barriere zu überwinden. Mädchen aus Arbeiterfamilien haben noch größere Schwierigkeiten sie zu überwinden als Jungen, wenn sie sich entschlossen haben, sich von den vorbestimmten Zukunftsperspektiven zu lösen. Die Forderungen, die eine Reihe von privilegierten Feministinnen der Frauenbewegung um 1900 aufstellten – Recht auf Besitz, Recht auf Bildung, Wahlrecht –, nützen nicht viel, wenn es sowieso keinen Besitz zu verteilen gibt, wenn Bildungsmöglichkeiten für die Schicht, zu der du gehörst, minimal sind und wenn du deine Stimme sowieso nur in einem parlamentarischen System geben kannst, das die Interessen der Arbeiterklasse kaum vertritt.

Wenn wir in der Frauenbefreiung mehr sehen wollen als nur eine individuelle Verbesserung der Existenzmöglichkeiten von einigen Frauen, die sich entweder durch bessere Bildung eine bessere Existenz aufbauen oder von Frauen, die sich mit einem Existenzminimum auf der untersten Stufe der Gesellschaft begnügen müssen, dann können wir nicht umhin, daß wir auch die Unterschiede zwischen Frauen beseitigen müssen, genauso wie die Unterschiede zwischen Männern. Zweitens ist die Befreiung der Frauen mit einer Reihe von Bedingungen verknüpft, die im Bereich der Produktion und Reproduktion liegen.

Im Bereich der Produktion ist die erste Bedingung: Arbeit und ein gutes Einkommen. Innerhalb des kapitalistischen Systems gibt es keine Möglichkeit, gleichen Lohn für gleiche Arbeit für jeden zu erreichen. Was für Männer schwierig ist, ist für Frauen noch schwieriger. Sie sind doppelt belastet. Denn sie müssen sich nicht nur an ihren Arbeitsplätzen für gleiche Bezahlung und Arbeitschancen einsetzen, sondern sie müssen auch innerhalb der Gewerkschaften für die Anerkennung dieser Forderungen kämpfen. Weil dieser Kampf viel Energie kostet und bisher nicht viele Ergebnisse gebracht hat, gibt es Frauen, die an eine eigene Frauengewerkschaft denken.

Aber damit würden sich die Gewerkschaften gegenseitig Konkurrenz machen (wenn es überhaupt möglich wäre, eine Frauengewerkschaft zu gründen, die wirklich Macht und Einfluß haben würde), und dieses würde für beide schädlich sein. Wahrscheinlich wird uns eine Doppelstrategie mehr bringen: Arbeit innerhalb der Gewerkschaften als ein relativ autonomer Frauenblock, unterstützt durch Frauengruppen außerhalb.

Der Reproduktionsbereich ist bisher bei der Linken vernachlässigt worden. Aber auch hier müssen verschiedene Bedingungen erfüllt sein, bevor man von Frauenbefreiung sprechen kann. Solange es keine Maßnahmen für die Erleichterung der Hausarbeit gibt, bedeutet die Berufstätigkeit für Frauen eine Doppelbelastung. Aber gerade die Maßnahmen innerhalb des Reproduktionsbereiches sind nur mit größten Anstrengungen zu erzwingen. Innerhalb des kapitalistischen Systems wird die Priorität nun einmal immer auf Investitionen gelegt, die für die Wirtschaft Profite bringen. Wohnungsbau, Kinderspielplätze, Krippen, billige Eß- und Waschmöglichkeiten sind keine interessanten Investitionsbereiche. Deshalb gibt es nur Krippen für Frauen, die hohe Preise bezahlen können, und einigermaßen bezahlbare Krippen gibt es erst dann, wenn die Wirtschaft soviel Bedarf an billiger Arbeitskraft von Frauen hat, daß sich die Investitionen von Extraausgaben auch bezahlt machen. Gemeinschaftseinrichtungen entstehen also erst dann, wenn Frauen als Arbeitskräfte in der Produktion gebraucht werden und sie werden wieder rückgängig gemacht, wenn dies nicht mehr so ist. So wird jetzt unter dem Druck der wirtschaftlichen Krise zuerst im sozialen Sektor – Gesundheitswesen, Bildung – gespart, gerade dem Sektor, der Aufgaben von Hausfrauen übernimmt. Wenn wir erreichen wollen, daß die Berufstätigkeit von Frauen emanzipierend wirkt und sie nicht nur doppelt belastet, dann müssen wir zusammenarbeiten mit sozialistischen Gruppen, die schon im Reproduktionsbereich arbeiten, wie Bürgerinitiativen, politischen Parteien, Organisationen der Sozialarbeiter etc. Da die Frauenbefreiung innerhalb des kapitalistischen Systems nicht möglich ist, werden Feministinnen notgedrungen antikapitalistisch sein müssen. *SOZIALISMUS IST DIE VORBEDINGUNG FÜR DIE BEFREIUNG DER FRAUEN.*

2. Feminismus für Sozialisten

Für viele Sozialisten und Sozialistinnen ist das, was oben angeführt worden ist, ein Argument dafür, daß Frauen sich zuallererst einer sozialistischen Organisation anschließen sollten. Sie sagen, daß nicht-sozialistische Frauengruppen nur die Macht der Linken schwächen. Daneben hören wir zahllose andere Argumente, die Frauen davon abhalten sollen, ihre eigene Organisation zu gründen. Die Lösung der Frauenprobleme würde nur die Aufmerksamkeit vom wirklichen Kampf, dem Klassenkampf, ablenken. Nach dieser Auffassung ist die Frauenbewegung per Definition bürgerlich, da sie die Interessen einer bestimmten Gruppe vertritt, anstatt von „allgemeinen" Forderungen der linken Bewegung auszugehen. Frauenbefreiung ist erst möglich, wenn wir in einer sozialistischen Gesellschaft leben, also müssen wir vorläufig unsere Frauenwünsche zurückstellen und uns einsetzen für den „allgemeinen" Kampf. Frauen sind immer noch sehr empfänglich für diese Argumente. Unsere Erziehung und unsere Konditionierung haben uns gelehrt, uns selbst zugunsten anderer zurückzunehmen und den Kampf für unsere eigenen Interessen, als falschen Egoismus zu sehen. Das hat uns jahrelang daran gehindert, unsere Forderungen zu stellen. Aber es gibt inzwischen reichlich Argumente dafür, daß ein kritikloses Einreihen in die linke Bewegung uns nicht weiterhilft. *SOZIALISMUS IST DIE VORAUSSETZUNG FÜR DIE BEFREIUNG DER FRAU, ABER ER IST KEINE GARANTIE.*

Erstens: Die Praxis der linken Bewegung hat viele Frauen gelehrt, daß sie innerhalb linker Gruppen genauso schlecht behandelt werden wie sonst auch. *PROGRESSIVITÄT IN POLITISCHEN ANGELEGENHEITEN GARANTIERT NOCH NICHT, DASS MAN AUCH PROGRESSIVE IDEEN ZUR FRAUENFRAGE HAT.* Auch in linken Gruppen gibt es viele Männer, die reden, und Frauen, die tippen, vervielfältigen und Kaffee kochen. Auch linke Männer benutzen Frauen, um ihr gestörtes Ego wiederherzustellen und haben Schwierigkeiten, wenn eine Frau etwas besser weiß als sie selbst. Und auch linke Männer taxieren Frauen oft zuallererst nach ihren sexuellen Reizen.

Auf einem Gewerkschaftstag über die Stellung der Frau ging es darum, warum so wenig Frauen aktiv Leitungsfunktionen innerhalb der Gewerkschaft übernehmen. Eine Frau stand auf und sagte, daß nach ihrer Meinung ein Grund dafür sein könnte, daß man weniger hinhört, wenn Frauen reden. Keine Reaktion. Fünf Minuten später stand ein Mann auf und sagte, daß seiner Meinung nach im allgemeinen auf Frauen weniger gehört wird und er bekam Applaus. Frauen, die nicht ganz fest mit beiden Beinen auf dem Boden stehen oder die nicht gewohnt sind, in Gruppen aufzutreten, bekommen schwerlich einen Platz in der Bewegung. Wenn Frauen in linken Gruppen ernstgenommen werden, dann meistens deshalb, weil sie nicht über Frauenangelegenheiten reden.

Zweitens kommen in der Theorie von linken Gruppen Frauen kaum vor. Barbara Susan hat gesagt: „Bis heute gibt es keine politische Bewegung, die eine politische Analyse entwickelt hat, die speziell relevant für uns Frauen ist. Ich kann nur vermuten, daß die Ursache darin liegt, daß die Methode, um eine Analyse zu erstellen, die abstrakt über andere Menschen redet, immer die Menschen, die unterdrückt werden, durch diejenigen, die die Analyse herstellen, ausschließen wird." Daß die Theorien von links selten Frauenfragen behandeln, hat nicht nur mit der Tatsache zu tun, daß Männer lieber nicht mit Frauenproblemen konfrontiert werden wollen, da sie dann gezwungen wären, darüber nachzudenken, inwieweit sie selbst von der unterpriviligierten Stellung der Frau profitieren und was sie selbst daran ändern müßten. Es kommt auch deshalb, weil sich die linke Bewegung in ihrer Arbeit primär auf den direkten Produktionsbereich konzentriert. Damit fällt die Arbeit, die Frauen in der Familie leisten, aus der Analyse heraus. Der Hauptwiderspruch innerhalb dieser Gesellschaft ist der zwischen Lohnarbeit und Kapital. Da die Frauen als Gruppe weder zur Kategorie Lohnarbeit noch zur Kategorie Kapital gehören, gibt es sie einfach nicht; es sei denn, sie arbeiten in der Produktion. Nun, das ist nicht so erstaunlich, wenn wir die Vorgeschichte betrachten.

Als Marx und Engels ihre Analyse erstellten, war die Verwüstung durch den industriellen Kapitalismus groß. Nicht nur die Männer waren gezwungen, in Fabriken gegen lächerlichen Lohn zu arbeiten, auch Frauen und Kinder wurden eingesetzt. Familienmitglieder sahen einander selten. Von Familienleben und -pflege konnte man kaum reden. Und immer mehr Arbeiten, die früher im Haushalt gemacht wurden, übernahm die Industrie. Marx und Engels meinten, daß die Hausarbeit irgendwann überflüssig würde, weil die Industrie die gesamte Produktion von Lebensmitteln übernehmen würde und daß später alles, was eine Versorgungsfunktion hat, in eine Art öffentlichen Betrieb überführt würde und zwar sobald der Sozialismus eingeführt wäre. Sie meinten, daß es dann auch nicht notwendig wäre, eine eigene Analyse über die Position der Frauen herzustellen.

Aber sie sahen nicht vorher, daß in einem späteren Stadium des Kapitalismus die Familie und die Hausarbeit wieder eine wichtige Funktion ausüben würden. Und auch Sozialisten nach Marx und Engels, die dieses ganz leicht hätten bemerken können, wenn sie einfach um sich geschaut hätten, sahen dies nicht oder wollten es nicht sehen. Die Trennung zwischen Produktion und Reproduktion, die im Kapitalismus stattgefunden hat, bestimmt auch die Theorie der linken Bewegung, in der man fixiert ist auf das Verhältnis Lohnarbeit – Kapital, und alles, was dieses Verhältnis nicht betrifft, ignoriert.

Auch die Art, wie Menschen in Organisationen miteinander umgehen, ihre Emotionen und Beziehungen, werden ignoriert. Konkurrenz und versachlichte Beziehungen gibt es innerhalb der linken Bewegung genauso oft wie sonst auch. Erst durch die Demokratisierungsbewegung in Unterricht und Sozialarbeit und durch das Aufkommen von Basisbewegungen entstand Interesse für den Reproduktionsbereich. Aber die Analyse über die Stellung der Frau kommt nicht aus der linken Bewegung: Sie ist Ergebnis der Frauenbewegung.

Ein drittes Argument, warum es nicht ausreicht, uns einfach der linken Bewegung anzuschließen, ist die Tatsache, daß die Befreiung der Frau noch nirgendwo stattgefunden hat allein durch die Teilnahme am Klassenkampf. In allen Ländern, die sich selbst sozialistisch nennen, gab es schon vor der Revolution Frauengruppen. Die Verbesserungen der Stellung der Frauen in der VR China und der UdSSR wurden immer von Frauengruppen selbst durchgesetzt. Dort, wo die Frauenbewegung verboten ist, wie in der UdSSR, wird auch kein Fortschritt mehr erzielt. Da wo Frauengruppen jedoch unterstützt werden, wie in China, sehen wir, daß die Befreiung der Frauen Schritt für Schritt vorankommt. Wir haben keinen Grund zu glauben, daß wir unsere Befreiung geschenkt bekommen, auch nicht durch eine sozialistische Umwälzung. Wenn wir dafür eintreten wollen, daß Frauenbefreiung mehr bedeutet als nur einen Job neben unserer alltäglichen Hausfrauenexistenz wie in der Sowjetunion, müssen wir heute schon das Fundament in Praxis *und* Theorie legen. Der Aufbau der sozialistischen Gesellschaft fängt nicht nach der Revolution an, sondern schon heute. Deshalb müssen wir jetzt schon die Voraussetzungen schaffen, die einen Fortgang ermöglichen, auch wenn wir wissen, daß das Endziel nicht innerhalb des Kapitalismus zu erreichen ist. Und selbstverständlich müssen Frauen dies selbst tun. Wir selbst sind die einzigen Sachverständigen, wenn es um unsere Unterdrückung geht, und wir sind selbst die einzigen, die formulieren können, was für uns verändert werden muß. ES GIBT KEINE EINZIGE RECHTFERTIGUNG, WARUM AUSGERECHNET DIE FRAUEN IN ERWARTUNG DER VERGESELLSCHAFTUNG DER HAUSARBEIT IMMER NOCH IN DER KÜCHE STEHEN MÜSSEN.

Weil Frauen die Hälfte der Menschheit ausmachen, müßte dies schon Grund genug für sozialistische Organisationen sein, feministische Forderungen zu unterstützen. Wir sind immerhin zu viele, um uns als eine Minderheitengruppe abzutun, die nur für ihre eigenen Interessen kämpft. Aber es gibt mehr Gründe, warum es notwendig ist, daß sozialistische Gruppen solidarisch mit der Frauenbewegung sind. Die unterlegene Stellung von Frauen hemmt den Klassenkampf. So fungieren Frauen, die ihre Arbeit „nur" als Job betrachten und weniger Lohn fordern als Männer, als Lohndrücker. Außerdem verrichten Frauen oft ungelernte Arbeit, die Männer nicht übernehmen wollen. Sie sind also ein elastisches Arbeitspotential. Billig einzukaufen, wenn es notwendig ist, zu kündigen, wenn es überflüssig geworden ist. Solange sich daran nichts ändert, schwächen die Frauen auch die Position der männlichen Lohnarbeiter (was nicht das gleiche ist wie die Darstellung als Konkurrenten auf dem Arbeitsmarkt, wie dieses manchmal von Gewerkschaftern getan wird). Es geht also nicht allein um gleichen Lohn für gleiche Arbeit, sondern auch um gleiche Chancen für gleiche Arbeit.

Die unterlegene Stellung von Frauen bremst den Klassenkampf auch, weil Hausfrauen in ökonomischen Krisen als eine Art „Reservearmee" benutzt werden. Sie haben als erste unter diesen Krisen zu leiden. Sie werden härter arbeiten müssen, um dafür zu sorgen, daß das Lebensniveau gleichbleibt, auch wenn die Löhne gesenkt werden. Ihre Arbeit besänftigt die Arbeiter, anstatt sie kämpferisch zu machen.

Frauen, die sich zuallererst mit dem Interesse der Familie identifizieren (Brot auf dem Tisch), werden weniger schnell geneigt sein, Streiks zu unterstützen, in die ihre Männer hineingezogen sind. Solange Frauen in erster Linie Hausfrauen sind, bleibt die Gefahr, daß sie als Streikbrecherinnen benutzt werden. Das war so während des Antwerpener Hafenstreiks, wo Frauen für die Arbeit eingesetzt wurden, die die Männer niedergelegt hatten, und auch in England, wo Frauen gegen einen Streik demonstrierten, da sie die kurzfristigen Interessen (das Familieneinkommen) wichtiger fanden als den Lohnkampf, der nämlich erst auf längere Sicht auch für sie vorteilhaft sein würde. Die Unternehmer wissen ganz gut, daß Frauen die Schwachstelle im Kampf sein können, wie wir es an dem Streik von 1972 in den Hochöfen der Niederlande sahen. Die Betriebsleitung schickte den Frauen der Streikenden dauernd Briefe, in denen sie ermutigt wurden, ihre Männer wieder an die Arbeit zu schicken, da sonst für die Männer keine Aufstiegschancen mehr bestehen würden.

Aber umgekehrt ist es auch möglich: Männer, die den Aufstand der Arbeiterinnen bremsen. Die Besetzung eines

Betriebes in Islington, einem Viertel von London, wurde durch Männer sabotiert, die nicht wollten, daß ihre Frauen dort über Nacht blieben, weil sie dann selbst hätten kochen, für die Kinder sorgen und allein schlafen müssen. Solange Frauen abhängig vom Einkommen ihres Mannes bleiben, werden sie seine Aufstiegschancen wichtiger nehmen als den Kampf, den er vielleicht im Betrieb führen kann. Männer, die durch ihre Frauen angestachelt wurden, Karriere zu machen, werden auch weniger solidarisch untereinander sein.

Wenn man dies alles betrachtet, wundert man sich eigentlich, daß es trotzdem so viele Frauen gibt, die Streiks unterstützen, die noch mitdemonstrieren und zu Gewerkschaftsversammlungen gehen. Statt Frauen vorzuwerfen, daß sie so wenig aktiv sind, sollten sozialistische Gruppen nun endlich überdenken, wo sie selbst versagt haben, Frauen für ihre Ziele zu gewinnen, und ihre Interessen zu verteidigen. Dies ist etwas ganz anderes, als Frauenemanzipation aus opportunistischen Gründen zu unterstützen, wie es z. B. in dem Konzept der PvdA (sozialdemokratische Partei der Niederlande) stand: daß nicht-emanzipierte Frauen konservativ wählen und daß dies ein Verlust für die Partei bedeuten würde.

Aus dem Vorangegangenen wird wohl deutlich geworden sein, daß wir die Frauenproblematik nicht als eine Sache betrachten, die weniger wichtig als der Klassenkampf ist oder nur ein Teil davon. Wir wehren uns gegen linke Gruppen, die Frauengruppen – wenn sie diesen Frauengruppen schon einmal eine Existenz zugestehen – als eine Art Zulieferbetrieb für ihre Partei ansehen, als eine Art Vorschule für den „allgemeinen“ Kampf. Der Klassenkampf ist nicht „allgemein“, wenn die Hälfte der Bevölkerung nicht berücksichtigt wird.

DIE FRAUENBEWEGUNG STREBT KEIN ANDERES ZIEL AN ALS DEN SOZIALISMUS, IM GEGENTEIL, SIE WEITET DEN KAMPF AUF GEBIETE AUS, DIE BISHER AUSSER ACHT GELASSEN WORDEN

SIND: FAMILIE, REPRODUKTIONSBEREICH, ZWISCHENMENSCHLICHE BEZIEHUNGEN.

Die Frauenbewegung zu ignorieren oder zu unterschätzen ist dumm, die linke Bewegung untergräbt sich selbst, wenn sie dies nicht einsieht. Je mehr die Frauenbewegung an Terrain gewinnt, werden Männer – ob sie wollen oder nicht, aber in jedem Falle unvermeidlich – einige ihrer patriarchalischen Vorrechte aufgeben müssen. Frauen haben sich schon lange genug aufgeopfert, und Liebe kann auf die Dauer nicht nur von einer Seite kommen.

X. Strategie

Die Frauenbewegung breitet sich immer mehr aus, auch wenn es nicht für jedermann sichtbar ist. Nicht mehr die Aktionen auf der Straße sind am wichtigsten, wie in der Anfangszeit der „Dolle Mina“, als es noch darum ging, auf die Situation der Frauen allgemein aufmerksam zu machen. Die spektakulären Aktionen sind selten geworden, wir demonstrieren weniger, wir haben angefangen zu arbeiten. Es gibt jetzt Frauenhäuser, Frauenverlage, Gesprächsgruppen und Therapiegruppen. Es gibt Auffangzentren für mißhandelte und vergewaltigte Frauen. In allen linken Parteien arbeiten nun Frauengruppen. Auch in den Gewerkschaften fangen Frauen an, sich als Gruppe zu organisieren. Homosexuelle Frauen haben ihre eigenen Gruppen gegründet. An den Universitäten, auf Fachhochschulen, in der Sozialarbeit und in der Gesundheitsfürsorge arbeiten Frauengruppen. Es ist ein Netzwerk in der Bildungsarbeit zwischen Frauen entstanden. Neue Formen der Selbsthilfe, wie das Frauentelefon, kündigen sich an. Und überall entstehen Frauengruppen, die Feminismus und Sozialismus miteinander verbinden wollen.

Durch diese Erfahrungen in der Praxis und durch Analysen über die Stellung der Frauen in dieser Gesellschaft können wir allmählich die großen Linien unterscheiden. Wir versuchen über einige spontane Aktionen, die aus der Empörung entstanden sind, hinauszukommen. Wir versuchen eine Strategie zu entwickeln; d. h. wir versuchen herauszufinden, wie wir aus der Situation, in der wir uns jetzt befinden, in eine Situation gelangen können, in der es keine Unterdrückung der Frauen oder Unterdrückung von wem auch immer mehr gibt. Wir müssen überlegen, durch welche Schritte dies geschehen kann, aber gleichzeitig müssen wir im Auge behalten, daß die Geschichte nie so einfach und geradlinig verläuft wie auf dem Papier. Es ist unmöglich, am Schreibtisch ein Drehbuch für die Revolution oder eine Matritze für eine bessere Gesellschaft zu schreiben. Wir können aber feststellen, ob wir schon aus den Erfahrungen der zweiten feministischen Bewegung und aus der Theorie über Frauenunterdrückung, die es inzwischen gibt, gelernt haben.

Wir haben gesehen, daß die Unterdrückung der Frauen eine komplexe Sache ist, die nicht nur durch das Zerbrechen des kapitalistischen Systems aufzuheben ist. Wir müssen gegen patriarchalische Verhältnisse kämpfen und an unserer eigenen Bewußtwerdung arbeiten. Und wir haben auch herausgefunden, daß die Stellung der Frauen als Hausfrau mit der Stellung der Frauen in Lohnarbeit zusammenhängt und daß beides auch wieder mit der Art wie wir denken zusammenhängt. Dadurch ist deutlich, daß wir die Frauenbefreiung nicht organisieren können, wenn wir uns nur auf einen dieser Punkte konzentrieren. Viele Frauen werden mutlos, wenn sie erkennen, daß alles mit allem zusammenhängt, daß man eigentlich die ganze Gesellschaft verändern muß, um die Frauenbefreiung zu erreichen. Aber es wird jetzt schon an vielen Orten gleichzeitig in diese Richtung gearbeitet; wir brauchen es nicht alleine zu machen.

Manche Feministinnen suchen ein „Patentrezept", eine einzige Strategie, die nötig ist, um alles zu verändern. Wir besprechen hier ein paar Beispiele solcher Strategien.

1. Beispiele von einseitigen Strategien

a. Antje Kunstmann sagt, daß wir uns an erster Stelle um die Erziehung der Kinder und den Unterricht kümmern müssen. Es seien vor allem die falschen Ansichten über das, was Männer und Frauen sein sollen, die die Menschen davon abhalten, ihr Leben zu verändern. Frauen hätten zu neunzig Prozent die Erziehung und den Unterricht der Kinder in den Händen; wir müßten von dieser Machtposition Gebrauch machen.

Dabei vergißt sie, daß wir innerhalb des Unterrichtssystems nur eine sehr eingeschränkte Macht haben, um den Unterricht zu verändern, und daß Mütter und Lehrkräfte ebenso Produkte dieser Gesellschaft sind. Natürlich läßt auch der Unterricht einen bestimmten Spielraum offen, in dem wir frei sind, Dinge anders zu machen; wir können in Erziehungsgewerkschaften mitarbeiten, Kritik am Lehrmaterial üben, Elternabende benutzen, um die Erziehung der Mädchen zur Diskussion zu stellen, wir können versuchen, unsere eigenen Kinder anders zu erziehen oder zusammen mit anderen Eltern Kinderkrippen errichten. Dennoch ist das alles nicht genug, um unsere Kinder in feministisch–sozialistischem Sinne zu erziehen. Denn immer noch hat die Gesellschaft einen großen Einfluß auf die Kindererziehung, selbst wenn es nur darum geht, daß wir doch alle gezwungen sind, unsere Kinder so zu erziehen, daß sie später in dieser Gesellschaft für ihren eigenen Lebensunterhalt sorgen können.

b. Eine andere Strategie für die Beseitigung der Unterdrückung der Frau ist die Forderung nach Haushaltslohn für Personen, die zu Hause die Familienmitglieder versorgen. Hausfrauen arbeiten, wird gesagt, sie leisten einen sehr wichtigen Anteil an dem Fortgang unserer Gesellschaft. Es gibt dann auch keinen Grund, warum sie nicht genauso wie die Männer einen Lohn bekommen sollten. Der Vorteil liegt darin, daß Frauen wenigstens ökonomisch unabhängig sind und daß Hausfrauenarbeit genau wie andere Berufe als Arbeit anerkannt wird. Die Erwartung dabei ist, daß auch Männer Hausarbeit verrichten werden, wenn einmal dafür bezahlt würde, und daß auch Maßnahmen getroffen werden, um die Hausarbeit effizienter zu regeln und so die Isolierung zwischen den einzelnen Haushalten zu durchbrechen. Geld ist Macht, sagen die Feministinnen, die den Haushaltslohn befürworten, es hilft uns nichts, wenn Frauen gezwungen werden, für ein selbständiges Dasein Lohnarbeit zu verrichten, denn dann unterstützen sie nur das kapitalistische System, indem sie sich doppelt ausbeuten lassen.

Obwohl der Gedanke, der hinter dem Haushaltslohn steckt, ganz berechtigt ist, gibt es auch Gefahren, wenn sich unsere Strategie auf diesen Punkt konzentriert. An erster Stelle bedeutet Geld nicht Macht, es bedeutet nur weniger Machtlosigkeit. Von einem Gehalt für unsere Hausarbeit können wir zwar Konsumartikel kaufen – die kleinen Reproduktionsmittel –, aber damit kommen wir nicht in den Besitz von Produktionsmitteln. Was produziert wird und wie und wo, das sind Dinge, auf die wir mit einem Haushaltslohn überhaupt keinen Einfluß haben.

Die Sicherheit, daß Haushaltslohn etwas an der Haushaltsorganisation verändert, haben wir nicht. Es geht uns nicht nur um die Bezahlung, die uns etwas mehr Freiheit bringt, es geht vor allem darum, daß die Isolation, die Verzettelung, die Monotonie der Hausarbeit verschwindet. An sich verändert der Haushaltslohn nichts daran, im Gegenteil, das Hausfrauendasein wird dadurch noch mehr institutionalisiert.

Und ein dritter Punkt: die Realisierung. Woher kommt das Geld? Von unseren Männern? Das würde das Arbeitgeber-/Arbeitnehmerverhältnis in der Familie nur verstärken. Vom Staat? Das bedeutet, daß wir von unseren eigenen Steuergeldern bezahlt werden. Aus der Industrie? Die hat kein Interesse daran. Außerdem hat das Verhältnis Lohnabhängige/Kapital wenig Befreiendes. Das können wir an den Lohnabhängigen sehen.

Auf jeden Fall würde die Hausarbeit innerhalb des kapitalistischen Systems schlecht bezahlt werden, wie fast alle Berufe, die zwar für den Fortgang der Produktion notwendig sind, aber nicht direkt Gewinn abwerfen. Wie dem auch sei, von einer gerechten Entlohnung kann in dieser Gesellschaft keine Rede sein, auch nicht für die Männer.

Denkbar sind dagegen Übergangsmaßnahmen, die das Hausfrauendasein nicht weiter institutionalisieren und gleichzeitig dem Bedürfnis vieler Frauen nach mehr ökonomischer Selbsterhaltung entgegenkommen. Tatsache ist, daß eine Hausfrau, die Mann und Kinder versorgt, die Hälfte des Gehaltes ihres Mannes mitverdient hat. Wir müssen uns überlegen, wie wir diese Tatsache deutlicher machen können. Man könnte gesetzlich festlegen, daß der Lohn, den der Mann bekommt, zur Hälfte von seiner Frau erarbeitet ist. Aber an sich sind solche Regelungen wenig revolutionär, auch wenn sie für einzelne Frauen die Grundlage ihrer Existenz bedeuten.

c. Die Strategie linker Gruppen für die Befreiung der Frau ist immer noch die Integration der Frauen in den Produktionsprozeß. Nur dann könnte wirklich Macht gegen die Unternehmer entwickelt werden, nur dann können Frauen und Männer zusammen in der Arbeiterbewegung die Faust ballen. Damit bekommen die Frauen eine mehr oder weniger ökonomisch selbständige Position, wie sie andere Lohnarbeiter auch haben. Aber wenn nicht schon jetzt daran gearbeitet wird, die den Haushalt ersetzenden Maßnahmen in Angriff zu nehmen, und solange vor allem ungelernte und unbezahlte Jobs für Frauen nicht aufgehoben sind, bedeutet für die meisten Frauen Arbeit im Lohnverhältnis eine doppelte Belastung. Todmüde und verbraucht sein, heißt wenig Kraft haben für die eigene Emanzipation. Woher sollte man auch noch die Energie holen, um an politischen Versammlungen und Gewerkschaftsaktionen teilzunehmen. In der UdSSR stellte sich heraus, daß die Integration der Frauen in die Produktion sicher nicht zu bedeuten hatte, daß Frauen im Haushalt automatisch weniger tun mußten. Und solange die ganze Energie der berufstätigen Frauen durch ihre doppelte Belastung aufgezehrt wird, werden sie in den Positionen, in denen Entscheidungen getroffen werden, unterrepräsentiert sein und solange werden, immer wieder, die Forderungen der Frauen beiseite geschoben.

2. Zur Doppelstrategie – in Phasen

Wir kommen zu der Schlußfolgerung, daß es nicht *eine* Strategie für die Frauenbefreiung gibt. Erstens nicht, weil alle Bereiche dieser Gesellschaft so miteinander zusammenhängen, daß man nicht alles von einem Punkt aus verändern kann. Wir müssen uns gleichzeitig um den Produktionsbereich (Arbeitsmöglichkeiten für Frauen, bessere Arbeitsverhältnisse usw.) und den Reproduktionsbereich (den Haushalt ersetzende Maßnahmen) kümmern und uns mit der Bewußtseinsveränderung beschäftigen.

Zweitens können wir nicht mit nur *einer* Strategie arbeiten, weil die Bedürfnisse der verschiedenen Frauen noch zu weit auseinandergehen. Für berufstätige Frauen ist gleicher Lohn vielleicht das wichtigste Bedürfnis. Frauen, die in Neubauvierteln wohnen, wollen Geschäfte in der Nähe oder bessere öffentliche Verkehrsmittel, damit sie sich leichter fortbewegen können. Für viele Frauen ist es am wichtigsten, noch eine Berufsausbildung anfangen zu können. Andere müssen sich erst mit ihren Ehemännern auseinandersetzen, um ab und zu mal das Haus verlassen zu können.

Wir müssen die Strategie für die Frauenbefreiung in verschiedenen Phasen weiterentwickeln, wobei wir an den Hauptbedürfnissen der verschiedenen Frauen ansetzen müssen. Es ist wichtig, daß wir dabei kein hierarchisches Wertesystem anwenden, um herauszufinden, was mehr oder weniger feministisch ist. Für manche Frauen erfordert es beträchtlich mehr Mut, ein Wochenende lang das Haus zu verlassen und ihre Kinder bei ihrem Mann zu lassen, als es andere Frauen Mut kostet, einen Vortrag vor einem vollen Saal über die Stellung der Frauen in der kapitalistischen Gesellschaft zu halten. Wir brauchen uns auch nicht über „die richtige Linie" zu streiten. Es wird an vielen Fronten auf verschiedene Arten gleichzeitig gekämpft werden müssen. Nicht, ob wir uns über jeden Teilschritt einig sind, bestimmt unseren Erfolg, sondern ob wir imstande sind, aus den Praxiserfahrungen heraus das gemeinsame Ziel in den Blick zu bekommen.

Aus den Erfahrungen, die wir in den paar Jahren, die hinter uns liegen, gemacht haben, können wir schon das eine oder andere lernen. Dazu haben wir die Frage der Strategie in drei Teile aufgegliedert: das Ansetzen an den Bedürfnissen der Frauen selbst; die Funktion der autonomen Frauenbewegung und die Bündnispolitik. Die drei Teile überschneiden sich, stehen nicht losgelöst voneinander.

a. An den Bedürfnissen der Frauen ansetzen

Die Femististinnen, die früher durch Vorträge und Informationsveranstaltungen versuchten, die Frauen für ihre Sache zu gewinnen, wissen allmählich wohl, daß Bewußtwerdung nicht nur durch Argumente läuft. Mit Slogans und Theorien erreicht man nur die Frauen, die sowieso schon an der Bewegung Interesse hatten, und das sind meistens die Frauen, die schon viele der Voraussetzungen besitzen, die nötig sind, um politisch aktiv zu werden: Zeit, eine vernünftige Ausbildung, ein vernünftiges Maß von ökonomischer Unabhängigkeit. Eine Zeitlang haben wir uns Sorgen gemacht, wie wir „einfache“ Frauen über die Schwelle der Frauenhäuser kriegen könnten. Nun sind wir langsam, aber sicher dahintergekommen, daß es nicht unser Hauptproblem ist, ob wir Frauen in die Frauenbewegung hineinschleppen können, sondern, ob wir von der Frauenbewegung aus bei den Bedürfnissen der Frauen selbst ansetzen können. Wir können mithelfen, überall Frauengruppen von Frauen errichten zu lassen, die sich an die Arbeit machen, ihre eigenen Lebensumstände zu verbessern.

Ob sich die Gruppen selbst feministisch nennen oder nicht, ist nicht das wichtigste. Darüber brauchen wir uns keine Gedanken zu machen. Gerade in der letzten Zeit gibt es ziemlich viele Beispiele von Aktionen und Gruppen, die sich direkt mit dem beschäftigen, was Frauen selbst wollen. Das Abtreibungs-Aktions-Komitee „Wir Frauen fordern“ hat zahllose Frauen für eine Mitarbeit gewonnen, die sich selbst vorher überhaupt nicht als einen Teil der Frauenbewegung sahen. Es gibt eine Aktion von Müttern für bessere Schulzeiten, innerhalb der Bildungsarbeit entstehen Hausfrauengruppen. Die Frauenhäuser bieten Hilfe für mißhandelte Frauen, die früher nirgendwohin konnten. Obwohl das Ansetzen bei den direkten Bedürfnissen der Frauen eine erste Voraussetzung ist, um Gruppen zu erreichen, heißt das noch nicht, daß damit alle Probleme gelöst sind. Viele Frauen gehen über die eigene Betroffenheit hinaus weiter, sie werden sich ihrer Position als Frau in dieser Gesellschaft bewußt und arbeiten aus diesem Bewußtsein heraus weiter in der Frauenbewegung mit. Aber die Entwicklungslinie läuft nicht für alle Frauen so logisch, wie wir es gerne hätten. Wir wissen noch nicht so viel von dem Übergang der eigenen Betroffenheit zum bewußten Feminismus, aber schon, daß dieser nicht immer und automatisch stattfindet. So gelang es zum Beispiel im Süden der Niederlande, Frauen zu mobilisieren, um gegen die Schließung eines örtlichen Krankenhauses zu protestieren. Die Interessen lagen auf der Hand. Die schwangeren Frauen empfanden es als einen großen Nachteil, für ihre Entbindung in die Großstadt fahren zu müssen, andere Frauen sahen voraus, daß sie vier Stunden im Bus sitzen müßten, um ihre kranken Kinder zu besuchen, wenn das örtliche Krankenhaus geschlossen würde. Die Aktion gelang, das Krankenhaus wurde nicht geschlossen, aber danach fiel die Gruppe auseinander. Die Leute, die die Aktion ins Leben gerufen hatten, hatten nicht über eine Fortsetzung nachgedacht. Sie hatten keine Pläne gemacht, um mit den Leuten, die sie jetzt zusammenbekommen hatten, weiterzumachen, um zu sehen, welche weiteren Maßnahmen in der Gegend noch getroffen werden müßten. Die defensive Aktion wurde nicht in eine offensive Aktion umgewandelt; die Frauen verteidigten, was sie schon hatten, anstatt Forderungen zu stellen. In ähnlicher Weise ist es der „Dollen Mina" nicht gelungen, tausende von Frauen, die sie damals erreichte, weiter zu engagieren. Das gelingt auch nicht mit einem von oben her auferlegten Parteiprogramm, wie schön der Inhalt auch sein mag. Bewußtwerdung und Schulung sind notwendig, ersetzen aber nicht die Initiativen für konkrete Verbesserungen unseres Lebens. Ein paar Beispiele von Initiativen, die bei den direkten Bedürfnissen der Frauen ansetzen, sind folgende:

Nahrungsmittelkooperative: In London gibt es ein modernes Wohnungsviertel, in dem vornehmlich Menschen wohnen, die aus der Innenstadt wegsaniert worden sind. Sie bezahlen Mieten, die für sie eigentlich zu hoch sind. Die Wirtschaftskrise war ein direkter Angriff auf ihren Lebensstandard, gestiegene Nahrungsmittelpreise bedeuteten eine sehr schwere Belastung. Ein paar Frauen überlegten zusammen mit ein paar Feministinnen einen Plan: Sie kauften gemeinsam Nahrungsmittel bei Bauern oder einem Großhändler ein und verkauften das an Ständen auf dem Rasen neben den Wohnungen an die Bewohner der Nachbarschaft.

Als sie mit den Ladenbesitzern aus der Umgebung und mit der Polizei Ärger bekamen, gründeten sie eine Nahrungsmittelkooperative. Jede Woche lieferte eine feste Gruppe von Hausfrauen ihre Einkaufsliste ab, und abwechselnd fuhren die Frauen mit einem Lastwagen zu den Großhändlern, Bauern und Großschlachtereien. Andere Frauen wogen das Gemüse ab, schnitten das Fleisch und verpackten alles.

Die Aktion wurde ein großer Erfolg. Für die Frauen, die mitmachten, bedeutete es nicht nur, daß sie viel billiger dabei wegkamen, sie durchbrachen die Isolation, die gerade in modernen Hochhäusern so stark vorhanden ist, und sie lernten zusammenzuarbeiten. Aus dem Kontakt, den die Frauen miteinander hatten, und dem wöchentlichen Gespräch über die Organisation der Kooperative, gingen auch andere Initiativen hervor: gemeinschaftliche Kinderkrippen, Aktionen für Kinderspielplätze und aktiver Widerstand gegen die hohen Mieten. Durch die Nahrungsmittelkooperative wurde auch die Isolation und die Beschränkung ihres Kampfes auf die Verteidigung von direkten ökonomischen Interessen durchbrochen. Das führte zu einem Bewußtwerdungsprozeß und weiteren Formen von kollektiver Organisation.

Müttergruppe: In eine Einrichtung der Erziehungsberatung kamen vornehmlich Eltern von Kindern mit Erziehungsproblemen. Eine der Sozialarbeiterinnen kam auf die Idee, daß man vielleicht nicht warten sollte, bis sich die Eltern mit Problemen an die Sozialfürsorge wenden, sondern daß man alle Eltern, und vor allem die Mütter ansprechen sollte, da sie bestimmt auch Erziehungsprobleme hätten. In einem Lokalblatt wurden die Mütter aufgerufen, bei einer Mittwochmorgengruppe mitzumachen, während die Kinder in der Schule waren. Zwölf Frauen erschienen. Nach wenigen Treffen redeten die Frauen nicht mehr nur über ihre Kinder, sondern auch über sich selbst. Durch den Erfahrungsaustausch kamen sie dahinter, daß viele der Erziehungsprobleme mit ihren eigenen Problemen als Hausfrau zu tun hatten und daß sie diese mit anderen Frauen teilten. Frauen, die mit Veränderungen in ihrem Leben, wie z. B. Scheidung, beschäftigt waren, wurden durch die Gruppe unterstützt. Anderen wurde bei ihren Versuchen, das Rollenverhalten innerhalb der Familie ehrlicher zu gestalten, durch die Gruppe geholfen. Als der Mütterkurs abgelaufen war, beschlossen die Frauen weiterzumachen. Sie erwägen jetzt, ob sie in ihrer Nachbarschaft eine Art Frauenhaus oder ein Café errichten können. Eine Anzahl ihrer Freundinnen und Frauen, die davon hörten, bilden inzwischen die nächste Müttergruppe.

b. Die autonome Frauenbewegung

Die Befreiung der Frauen bekommen wir nicht geschenkt. Die einzigen, die dafür sorgen können, daß es wirklich soweit kommt, sind die Frauen selbst. Das gelingt nur, wenn wir lernen, als Frauen zusammenzuarbeiten und einander zu helfen, um von unserer Konditionierung loszukommen. Wir müssen unsere Prioritäten festsetzen und Kampfformen entwickeln, die an unseren Bedürfnissen ansetzen und die richtige Art finden, wie wir miteinander umgehen wollen.

Das erste, was die Frauenbewegung entdeckte, war, daß wir nicht auf die gleiche Art wie die linken Organisationen arbeiten wollten. Wir fühlten uns in den hierarchisch aufgesetzten Strukturen mit einer autoritären Führung nicht zu Hause. Wir bekamen die Antrags- und Versammlungssprache nicht über unsere Lippen. Wir schalteten bei der geschäftlichen und für uns fremden Art, wie man miteinander umging, ab, bei der untereinander herrschenden Konkurrenz und dem Mackertum der Männer. Es störte uns auch, daß wir gezwungen waren, noch stärker als die Männer unsere Ellenbogen zu gebrauchen, wenn wir in den Organisationen Fuß fassen wollten.

Eine wichtige neue Arbeitsform sind die Gesprächsgruppen: Gruppen von sechs bis zwölf Frauen, die ohne Leitung meistens wöchentlich zusammenkommen, um über ihre eigenen Erfahrungen zu reden. Themen, die immer wieder auftauchen, sind Beziehungen, Kindererziehung, Aussehen, Sexualität, untereinander herrschende Rivalität und dergleichen. Genau die Dinge, die in den Männerorganisationen nie zur Diskussion standen. Und es ist kein Wunder, daß wir als Frauen das Bedürfnis haben, über Gefühle und Beziehungen zu reden: Beziehungen zu unterhalten ist unsere Arbeit, unser tägliches Leben.

Gesprächsgruppen bleiben meistens ein Jahr zusammen. Die erste Welle von Gesprächsgruppen ist inzwischen ein wenig abgeflaut, aber es entstehen immer noch neue. Die meisten Frauengruppen handhaben jetzt die Bewußtwerdungsmethoden, so wie diese in den Gesprächsgruppen entwickelt wurden. Ob es sich um Universitätsfrauengruppen oder Gruppen von Frauen aus der Sozialarbeit handelt. Überall nehmen wir uns reichlich Zeit, um Erfahrungen auszutauschen, über eigene Bewußtwerdung zu reden und die Art, wie wir miteinander zusammenarbeiten wollen. So wird die Funktion der ersten Gesprächsgruppen immer mehr durch andere Frauenorganisationen übernommen. Außerdem versuchen wir in der Frauenbewegung so wenig wie möglich hierarchisch zu arbeiten und vermeiden so gut wie möglich, große Versammlungen abzuhalten, bei denen vor allem die beredsamen Frauen zu Worte kommen. Keine Leitung, und wenn es nicht anders geht, eine ständig wechselnde Leitung. Das wirft zwar wieder neue Probleme auf: Wie muß man das Auftreten nach außen hin regeln, wenn niemand ansprechbar ist? Und wie fängt man das Problem der informellen Eliten auf, die schon länger dabei sind und deshalb über mehr Information verfügen? Wie verhindern wir, daß Frauen durch die chaotische Struktur abgeschreckt werden, die es ihnen selbst überläßt, einen Platz in der Bewegung zu finden? Was machen wir, wenn wir gezwungen sind, gemeinsame Entschlüsse zu fassen und wir sogar nicht einmal wissen, wer unsere Mitglieder sind, da jede die Freiheit hat, in der Bewegung mitzuarbeiten oder wieder auszutreten?

Dennoch werden uns diese Probleme nicht so schnell dazu verleiten, in eine Imitation linker Gruppen und Parteien zurückzufallen, weil sich in ihrer Struktur gezeigt hat, daß sie nicht geeignet sind, unseren Bedürfnissen entgegenzukommen.

Die wichtigsten Gründe, für die Arbeit in reinen Frauengruppen sind:

1. Durch gegenseitige Hilfe erkennen wir, welche unserer Eigenschaften und Probleme mit unserer Stellung als Frau zu tun haben. Das ist nicht so einfach. Viele Unterdrückungsmechanismen erscheinen so selbstverständlich, daß wir sie nicht einmal mit Unterdrückung in Verbindung bringen, bis wir merken, daß auch viele andere Frauen das gleiche Problem haben. Zum Beispiel die Angst, ohne männliche Bestätigung leben zu müssen, oder die Schwierigkeit, für uns selbst aufzukommen. Frauen haben gelernt, ihre Probleme an erster Stelle sich selbst zuzuschreiben; sie denken, daß sie frigide sind, wenn sie ihre Sexualität nicht genauso erleben, wie es in den Büchern vorgeschrieben ist; sie denken, daß sie schlechte Mütter sind, wenn sie sich ab und zu danach sehnen, die Kinder ein paar Tage los zu sein. Durch den Austausch von Erfahrungen lernen wir, daß viele unserer Frustrationen mit der Art, wie das Frauenleben in der Gesellschaft organisiert ist, zu tun haben, und mit der Art, wie wir das Bild der idealen Frau internalisiert haben.

Gleichzeitig mit der Bewußtwerdung entsteht auch ein neues Wohlwollen anderen Frauen gegenüber. Viele Frauen sehen unbewußt andere Frauen (und somit sich selbst) als minderwertig, weniger interessant als die Männer an. Frauen haben gelernt, einander als Rivalinnen zu betrachten. In Frauengruppen können wir uns das abgewöhnen. Verheiratete Frauen erkennen, daß unverheiratete Frauen nicht so viel Freiheit haben, wie sie immer dachten, unverheiratete Frauen lernen, daß die Geborgenheit, die verheiratete Frauen kennen, auch nicht alles ist. Dank der Abwesenheit der Männer können wir den Unterschied feststellen: Wir werden uns darüber bewußt, daß wir Männernormen bei der Beurteilung von Frauen gebrauchen (die ist zu dick, vor ihr brauche ich mich nicht in acht zu nehmen; die ist zu schön, also gefährlich).

2. Frauen können einander wirkliche Stütze sein. Für viele Frauen verändert sich ziemlich viel, wenn für sie ein Bewußtwerdungsprozeß begonnen hat. Sie fangen mit einer Ausbildung an oder suchen eine Arbeit, sie lassen sich scheiden oder versuchen etwas in ihrer Beziehung zu verändern. Diese Art von Veränderung ist schwer, wenn es keine Gruppe von Leidensgenossinnen gibt, die einen Halt gibt. Unsere Bewußtwerdung wurde dadurch behindert, daß wir uns so mit unseren Eltern, dem Chef, dem Mann und den Kindern zu identifizieren gelernt haben und kaum zu uns selber kamen. Das Zuviel an Verständnis, das immer unsere Schwäche gewesen ist, wird in der Frauenbewegung zu einer Kraft: Wir richten unsere Energie, unser Verständnis und unsere Wärme aufeinander, anstatt nur auf die Männer und die Kinder. Frauen, die von der Norm abweichen, werden oft von ihrer Umgebung persönlich angegriffen. Und gerade weil wir es so gewöhnt sind, dem Idealbild der Frau nachzustreben, können wir es schlecht ertragen, wenn uns gesagt wird, daß wir unsere Kinder verwahrlosen lassen, daß wir zu aggressiv sind oder zu dominant, oder nicht mehr so nett wie früher, oder zu egoistisch, oder lesbisch, oder hysterisch, oder frustriert. Um das ertragen zu können, müssen wir immer wieder von anderen Frauen hören, wie sie auf die gleichen Dinge reagieren.

3. Immer wieder müssen wir unsere Forderungen von neuem festsetzen, und das kann am besten in Frauengruppen

geschehen. Denn es zeigt sich allzuoft, wie leicht sich die Frauen einwickeln lassen, wenn sie nicht gemeinsam stark auftreten und ihre Forderungen „dem allgemeinen Interesse“ unterordnen. Die Roten Frauen haben zu lange aus einem Übermaß an Verständnis für die schlechte ökonomische Situation ihrer Partei hingenommen, daß es für ihre geleistete Arbeit nie Geld gab. Nur wenn wir unsere eigenen Erfahrungen zum Ausgangspunkt nehmen, können wir verhindern, auf ein Abstellgleis geschoben zu werden. Nur wir können miteinander absprechen, welche Forderungen wir stellen wollen und welche Gleichgesinnten uns dabei willkommen sind.

4. Das Arbeiten nur mit Frauen verstärkt unser Selbstbewußtsein. Wir können es selbst. Wir brauchen uns nichts vorschreiben zu lassen, wir suchen unsere eigene Art des Zusammenarbeitens. Und wir machen aus der Frauenbewegung einen Ort, wo es auch schön ist zusammenzuarbeiten. Emotionaler Umgang miteinander steht nicht im Widerspruch zu harter Aktion, im Gegenteil. Damit ziehen wir Frauen an, die sich nie auf Gewerkschaftsversammlungen und Parteikongressen zu Hause gefühlt haben, und außerdem motiviert uns die Erfahrung, daß die Menschen wirklich auf eine andere Art miteinander umgehen können, um für ein besseres Zusammenleben weiterzuarbeiten. Obwohl wir wissen, daß Frauenhäuser und Fraueninseln die Gesellschaft nicht verändern, bedeuten sie doch ein Mittel, um stärker zu werden; wir nehmen die zukünftige Art des Zusammenlebens ein wenig vorweg.

c. Bündnispolitik

Wenn wir uns darüber einig sind, daß Feminismus ohne Sozialismus nicht möglich ist und daß unsere Politik schon anti-kapitalistisch sein muß, dann liegt es auf der Hand, daß wir in anderen anti-kapitalistischen Gruppen potentielle Bündnispartner sehen. Für manche von unseren Aktionen ist es wesentlich, daß nur Frauen daran mitarbeiten, für andere Aktionen ist es möglich oder notwendig, daß wir mit bestehenden linken Gruppen zusammenarbeiten. Wir gehen also davon aus, daß es nicht so sehr eine moralische Frage ist, ob wir mit Männern zusammenarbeiten wollen oder nicht, sondern eine strategische: Wie sorgen wir dafür, daß die Frauenbefreiung den Frauen näher kommt, was machen wir als autonome Frauengruppe und was zusammen mit anderen Gruppen? Wir haben also eine Doppelstrategie vor Augen: Innerhalb der Organisationen arbeiten wir als Frauengruppe, um unsere eigenen Belange zu verteidigen, während wir immer mit unserer Hintermannschaft, der autonomen Frauenbewegung in Verbindung bleiben.

Wir könnten dabei genauso vorgehen, wie die feministisch-sozialistische Plattform es vorschlägt. Ausführlich auf die bestehenden oder möglichen Arbeitsweisen einzugehen, ist hier nicht möglich. Das wichtigste ist, daß die Frauen, die in bestimmten Organisationen tätig sind, anhand von Analysen über die Stellung der Frauen und ihrer Praxiserfahrungen ihre Strategie weiter ausarbeiten. Hier folgen einige Bemerkungen über das, was wir innerhalb bestimmter Organisationen tun könnten.

1. Linkspolitische Parteien: In dem Kapitel über Kapitalismus haben wir schon angedeutet, wo die Machtgrenzen der politischen Parteien liegen. Gerade auf dem für uns wichtigsten Gebiet – wo wird investiert, was wird produziert – haben sie wenig Einfluß. Damit sagen wir nicht, daß es wenig Zweck hat, in politischen Parteien aktiv zu sein. Wir dürfen es nur nicht als Ersatz für die Arbeit mit Frauen in ihrer Wohn- und Arbeitsumgebung ansehen. In politischen Parteien können wir vor allem unterstützende Arbeit leisten. So ist es wichtig, gesetzliche und soziale Maßnahmen zu erzwingen, die die Stellung der Frauen verbessern. Das Gesetz auf gleiche Bezahlung zum Beispiel hat an und für sich keine bessere

Bezahlung für die Frauen zu Folge, kann aber doch dazu benutzt werden, den Aktionen Kraft zu verleihen. Auf die Gemeindepolitik kann über die Parteien Druck ausgeübt werden, diskriminierende Bestimmungen nicht anzuwenden oder positive Bestimmungen im Bildungssektor auszuführen. Frauen, die in politischen Parteien von einer feministisch-sozialistischen Perspektive aus arbeiten, müssen auf eine feste Basis bauen können. Ein schönes Parteiprogramm ist allein nichts wert, es kommt darauf an, daß genügend Frauen organisiert sind, die dafür sorgen, daß das Programm auch tatsächlich ausgeführt wird. Sonst wird unsere mühsame Arbeit, z. B. in Kommissionen, nur dazu benutzt, für Mitglieder und Stimmen zu werben.

2. Gewerkschaften: Die Schwierigkeiten mit den Gewerkschaften rühren daher, daß in ihnen wenig Frauen organisiert sind. Es ist eine Art Henne-und-Ei-Geschichte. Weil die Gewerkschaften so wenig für die Frauen tun, werden wenige Frauen darin Mitglieder, und weil wenige Frauen dort Mitglieder sind, tun die Gewerkschaften wenig für die Frauen.

Wenn die Gewerkschaften mehr weibliche Mitglieder gewinnen wollen, werden sie damit anfangen müssen, mehr Aufmerksamkeit auf die spezifischen Probleme der Frauen zu lenken. Die Gewerkschaften haben ihr Arbeitsgebiet bis jetzt zu eingeschränkt gesehen: Sie haben sich nur mit den Problemen der Arbeitssituation beschäftigt. Sie tun wenig für Leute, die erst einmal entlassen sind, sie machen nichts für Leute, die arbeiten würden, wenn die Umstände dafür günstiger wären (also viele verheiratete Frauen oder Frauen mit Kindern), und sie zeigen sich vollkommen blind, wenn es darauf ankommt, gegen die doppelte Belastung der Frauen zu kämpfen. Die Stellung der Frauen kann nicht nur von der Produktion aus betrachtet werden, sondern sie wird gerade durch die Wechselwirkung zwischen Produktion und Reproduktion bestimmt. Wir sollten also von den Gewerkschaften fordern, daß sie sich mehr mit den Faktoren außerhalb der direkten Arbeitssituation beschäftigen, die die Stellung der Frauen am Arbeitsplatz bestimmen: Schulzeiten, Kinderbetreuung, Entfernung zwischen Arbeit und Wohnung usw. Wir können uns fragen, ob wir nicht allmählich von den Gewerkschaften Unterstützung für die Forderung erwarten können, daß die Frauen für die ganze Arbeit, die sie in der Produktion leisten, Erleichterungen für ihre Arbeit in der Reproduktion bekommen müssen. Frauen wollen außer Haus arbeiten, wenn nur für Gemeinschaftseinrichtungen gesorgt wird, die einen Teil der Hausarbeit übernehmen. Ob das in Zukunft gelingen wird, hängt natürlich von vielen Faktoren ab, z. B. wie der Arbeitsmarkt für Frauen aussehen wird. Die Durchsetzung unserer Forderungen hängt davon ab, wie dringend die Wirtschaft die Arbeitskraft von Frauen benötigt. Und das ist wieder abhängig von der Frage, auf welcher Stufe die ungeschulte Arbeit stehen wird, die im Augenblick durch Frauen gemacht wird. Die Tatsache, daß Gastarbeiter teurer zu werden drohen als lohnabhängige Hausfrauen, weil Gastarbeite mehr soziale Versorgung und bessere Wohnverhältnisse fordern, kann bedeuten, daß die Nachfrage nach Hausfrauen größer wird. Aber es gibt auch die Tendenz, gerade die Betriebe, die von ungeschulten Arbeitskräften abhängig sind, in Länder der Dritten Welt zu verlegen, wo die Arbeitskraft noch billiger ist.

Nicht nur von der Situation auf dem Arbeitsmarkt hängt unser Erfolg ab, das Problem der Doppelbelastung in den Gewerkschaften auf die Tagesordnung setzen zu können, sondern auch von der Solidarität der männlichen Mitglieder. So lange es noch jeder selbstverständlich findet, daß sich Gewerkschaftsführer Abend für Abend versammeln, während ihre Frauen mit den Kindern zu Hause sitzen, wird noch viel Arbeit geleistet werden müssen. Deshalb müssen wir uns als Frauengruppen innerhalb der Gewerkschaften organisieren. Es wird von der Kraft der Gruppen abhängen, ob immer, wenn Veränderungen zu erwarten sind, auf unsere Interessen Rücksicht genommen wird. Wenn wir zum Beispiel über Arbeitszeitverkürzung reden, ist zu erwarten, daß die meisten männlichen Mitglieder für ein verlängertes Wochenende stimmen werden, während die Frauen viel mehr Interesse daran haben, den Arbeitstag zu verkürzen, damit er besser an die Schulzeiten anschließt und auch die Männer für die Kinder sorgen können.

3. Andere Organisationen: In vielen Gruppen und Organisationen ist es möglich, die Situation der Frauen zur Diskussion zu stellen. In der Sozialarbeit zum Beispiel. Sparmaßnahmen haben im Sozialbereich für Hausfrauen direkte Folgen. In diesem Bereich ist der übergroße Zahl der Klienten weiblich und auch die Mehrzahl der Mitarbeiter.

Die Bildungsarbeit kann sich mit dem Durchbrechen von Rollenmustern beschäftigen und den Problemen des zweiten Bildungsweges Aufmerksamkeit widmen. Nachbarschafts- und Wohnviertelgruppen können von den Interessen der Hausfrauen als Hauptbewohnern der Gegend ausgehen. Aktionsgruppen können, statt sich nur abends zu versammeln, sich tagsüber mit kleinen Gruppen von Frauen an die Arbeit machen, um die Maßnahmen, die für sie am wichtigsten sind, zustandezubringen und damit gleichzeitig die Isolierung durchbrechen.

Im Schulbereich können Frauengruppen organisiert werden (in Vor-, Grund- und Hauptschulen vor allem Frauen). Ein mögliches Thema wäre die Art, wie Mädchen und Jungen erzogen werden. An den Universitäten sind Frauengruppen entstanden, die sich mit ihrer Stellung als Frauen innerhalb der Universität und mit dem Inhalt der Erziehung beschäftigen. So auch auf sozialen und pädagogischen Hochschulen.

Auch in der Gesundheitsfürsorge ist es möglich, Frauen zu organisieren (Verpflegungspersonal besteht vor allem aus

Frauen), im besonderen auf den Gebieten, die sich hauptsächlich an Frauen richten, wie die Säuglingsfürsorge. Es gibt also zahllose Möglichkeiten, um Frauen in Organisationen für ihre eigenen Interessen zu mobilisieren, mit dem Ziel, daß dies im Programm der Organisation berücksichtigt wird. Die Voraussetzung dafür ist, daß wir innerhalb oder außerhalb dieser Organisationen für eine Basis und eine Unterstützungsgruppe sorgen müssen, auf die wir zurückgreifen können. Die feministisch-sozialistischen Gruppen sind der erste Ansatz in diese Richtung.